中公新書 2364

楠木 新著

左遷論

組織の論理、個人の心理

中央公論新社刊

はじめに

意外なラストシーン

バブル期に入行したH行員は、メガバンクの支店で融資課長の職務を担っていた。支店長が新規取引先として開拓したメーカーは、一見優良企業と思われた。しかし実際には莫大《ばくだい》な負債を抱えており、粉飾決算が発覚して3か月後に倒産した。無担保融資を行っていた支店は5億円を騙《だま》し取られた。

H行員は、倒産した会社の社長の居所を探し当て、不良債権の全額を回収することに成功する。支店の窮地を救ったのである。その見事な仕事ぶりによって銀行本部の融資部次長に栄転した。H行員は、業績が長く低迷して、銀行が新たに200億円の融資を実行したばかりの老舗《しにせ》Iホテルの担当となった。その直後、ホテルは資金運用の失敗で120億円もの損失を出した。

銀行やIホテル内では、様々な人間の思惑が錯綜《さくそう》しており、事態の収拾は困難に思われた。

H行員は、Ｉホテルが損失を隠蔽《いんぺい》して融資を受けていた事実を突き止めた。同時にＩホテルの社長に構造改革の案を提示して、同社の経営再建にも道筋をつけた。また金融庁の執拗《しつよう》な検査を知恵と行動力で乗り切った。

銀行内部の不正に対しても敢然と立ち向かい、銀行のコンプライアンスの危機も見事に乗り切った。そして銀行を私物化しようとしたO常務に取締役会で土下座までさせた。

これだけ大車輪の働きをしてきたH行員に対して、周囲は2階級特進となって本店の部長に昇格するのではないかと噂《うわさ》をしていた。

しかしドラマのラストシーンで、頭取自らがH行員に言い渡したのは、子会社である証券会社への出向辞令だった。それを聞いたH行員の苦渋に満ちた顔が画面にアップにされた——。

なぜ昇進にはならないのか

これは、テレビドラマ「半沢直樹《はんざわなおき》」のごく簡単なあらすじである。

作家池井戸《いけいど》潤《じゅん》氏の小説をドラマ化したもので、２０１３年7月から9月までＴＢＳ系の「日曜劇場」枠で放送された。驚異的な高視聴率を叩き出した番組なのでご記憶の方も多いだろう。このH行員は主人公の半沢直樹である（O常務は大和田《おおわだ》常務）。

先ほどのラストシーンを見て、「なぜ左遷になるのだ」「昇進しないのはおかしい」「出向なんてあり得ない」といった意見がネット上に飛び交った。このドラマでは、出向を左遷や追い出し先という印象を与える場面がたびたびあった。そのため大和田常務の不正を暴き、銀行の危機を救った半沢が出向になるのは納得できないと視聴者は感じたのだろう。

なかには、将来役員にする計画であえて出向をさせたのだとか、証券会社の「営業企画部部長職」という待遇は昇格人事じゃないかという意見もあった。

いずれにしても白黒をはっきりとさせない結末になった。辞令を聞いた時の半沢の表情がそれを如実に物語っていた。

それまでのドラマの展開では、善と悪の切り分けが明確だった。ところがラストシーンではそれが急に不明瞭になった。勧善懲悪的な物語であれば、なぜハッピーエンドにならないのかという疑問が残る。

テレビドラマなので誇張があるのはやむを得ない。前述の通り、出向が、左遷や追い出し先の意味にしか使われていないことは実態に合っていない。またメガバンクのような組織で、頭取が直接次長に対して異動の辞令を出すことはあり得ない。普通は、直接の上司である部長が言い渡すのである。特別な場合であっても人事部長や人事担当役員であるはずだ。

そうしたドラマ特有の演出は別にして、ここでのポイントは、八面六臂《はちめんろっぴ》の活躍で銀行の危機を二度ならず三度まで救った半沢がすんなり昇進にならず、むしろ左遷と思われる辞令を言い渡されたことだ。

メガバンクのような伝統的な企業組織では、ある社員が大活躍したとしても、上司をごぼう抜きして役員に昇格させるかというと、ことはそう簡単ではない。むしろ子会社である証券会社への出向辞令は、一定のリアリティを持っている。人事担当者の何人かに聞いても同様の感想だった。

極端な抜擢は歓迎されない

もし半沢がいきなり先輩や同期をごぼう抜きして本部の部長に昇進すればどうなるだろうか。そんな抜擢《ばってき》が行われると、同期やその前後の年次の行員には、やっかみや不満が出ることは間違いない。半沢の足を引っ張る動きがあっても不思議ではない。多くの行員は自分の評価が下がったと思い込むからである。社員の横並び意識の強い組織では、ある人の抜擢は、年次が近い他の人たちの降格、左遷を意味すると言っていいだろう。

また入社年次を中心に人事管理を行っている会社では、運用が極めてやりにくくなる。評価の整合性がつかなくなるからだ。また半沢個人にとっても、ドラマに描かれた同期との友情をそのまま継続できなくなる。それは彼自身にとっても決してハッピーではない。

一方で、不正が露見した大和田常務に対しては、常務取締役から平取締役への降格という軽い処分だった。懲戒解雇になっても文句は言えないと思っていた大和田常務自身にとっても想定外の内容だったのである。

銀行員の本務にもとる行動をした大和田常務に対して、取締役への降格だけというのは、たしかに処分が軽すぎる。実際には考えられない。

半沢の勤める東京中央銀行は、産業中央銀行と東京第一銀行の合併行である。そのため大和田常務に対する軽い処分は、産業中央銀行出身の頭取が、東京第一銀行出身の有力役員である大和田常務を自らの勢力に取り込むためだったという見方を半沢の同期が述べている。

やや無理のある設定ではあるが、これもあながち突飛な考え方ではない。なぜなら頭取といえども絶対的な権力を持っているわけではなく、役員と協調的に経営を進めていくやり方をしているからだ。日本の伝統的な大企業組織の特徴でもある。だから派閥的な活動が力を持っている。特に合併行であれば、合併する前の会社と社員の結びつきが強いので、その傾向はさらに強まる。

　たとえ大和田常務を切り捨てても、第二、第三の大和田常務が出てこないとも限らない（まず間違いなく出てくる）。それならば、自分の手の内に取り込んで逆らえないようにしておくという判断はあり得る。

　半沢に対してストレートに昇進を認めず、大和田常務に対して軽い処分にとどめるといった内部指向的な経営では、グローバル時代には対応できないという意見も強いだろう。たしかに変わらなければならない点は多い。また時代にそぐわなくなっていることも間違いない。

　しかしそこには、そう簡単に理屈やルールだけで運営できない組織構造が横たわっている。日本の会社組織においては、日本型の雇用システムと言うべき特徴のある運営がある。仕事の実績やスキルだけで評価されるわけではなく、目立った成果を挙げても必ずしも役員に昇格できるわけではない。

　この背景には、少し極端に言えば、能力平等主義とでも呼ぶべき考え方がある。それほど能力がない人でも、組織の中にいる限りは、仲間とみなして簡単に切り捨てたりしないという、人と人との結びつきを前提にした考え方だ。経済合理性で動くと思われる会社組織内で、そんなことになっているのは奇妙かもしれない。しかし日本の会社組織で働いている人であれば思い当たる人もいるのではないだろうか。

出世競争は弱肉強食ではない

私は、36年間生命保険会社に勤めて、昨年(2015年)60歳で定年退職した。

歓楽街近くの商店街で育ち、生家は薬局で、周りの友達も酒屋さん、八百屋さん、眼鏡屋さんだとか「屋」のつく家の子どもばかりで銀行員や公務員は周りにはいなかった。

そのため入社した時に、なんでこうなるのだろうと疑問に思うことがいくつもあった。

まず奇妙だと感じたのは、お金を扱うことがなく、電話をかけたり書類を作成したりするだけで、決まった日に給料がもらえることだった。生家の商売では閉店後に、母が毎日の売上金から仕入れに回す分のお金、食費、光熱費などを封筒に入れて整理していたからだ。

支社長の発言や上司の指示を疑問もなく受け入れて仕事をすることにも違和感があった。私の周りにいた商店主のオッチャンたちは、誰かから指示されても、簡単には従わない人ばかりだったからだ。自分の仕事が終わっても支社長が帰るまでは、上司や先輩がオフィスに残っていることも理解ができなかった。

しかし慣れというのは恐ろしいもので、順調な会社生活を送ることができたので入社した当初のひっかかりも忘れて仕事に没頭していた。

ところが45歳の時に、配下の社員の不祥事が原因で降格になり、関係会社に出向した。いわゆる左遷だ。それを契機に、紆余《うよ》曲折を経て、50歳から勤めのかたわら文章を書き始めた。

会社生活では、営業の現場（12年）のみならず、人事部門（11年）、経営企画部門（5年）など、人事や組織に関わる部署を幅広く経験したので、通った社会人大学院でのテーマは、「ビジネスパーソンの働き方・生き方」「個人と組織の関係」とした。結局、入社時の課題に立ち戻った。

そこで気がついたのは、経営学の専門書やビジネス関係の書籍が、実際の経営やマネジメントにほとんど使われておらず、理論や学説と、現実との乖離《かいり》が大きいことだった。

たとえば言葉で言うなら、「同期入社」や「左遷」などの概念は、会社員が強くこだわっているが、経営学やビジネス関係の書籍ではほとんど言及されていない。また「キャリア」という言葉は、今では誰もが使うが、私が二十数年前に採用の責任者を務めていた時には、会社員も就活生も「キャリア」という言葉さえ知らなかった。「ダイバーシティ・マネジメント」も本来は、組織内において、多彩な人材や働き方の多様化を許容する人事管理の手法であるが、日本では女性労働力の活用の問題に特化している。

これらの背景には、日本の組織における特徴的なマネジメントが絡んでいる。もちろん論理的整合性や欧米のマネジメントを範に考えることは大切である。ただ、それだけでは説明できないことが多いと思われる。特に人を扱う分野においては、現状分析をして原因を突き止め、その対応を考える手法だけでなく、組織や社員の未来の可能性に思いを巡らせ、それを信じることによって新たな対応策が生まれることもあり得る。そういう意味では、社員と組織の関係や、社員と社員の結びつきにも留意する必要がある。

本書では「左遷」を取り上げて、日本型の雇用システムを検討する。

現代の企業社会における、いわゆる出世競争は、弱肉強食的な適者生存競争ではない。ある段階で敗れたとしても、その社員は組織内に残って働くことが一般なのである。社内は個人の能力や実績を競う場ではなく、社内の労働システムは、あくまでも協調して働くことがポイントだ。他社との競合が厳しいほど、社員は結束しなければならない。この出世競争に対するとらえ方のズレが、左遷を生み出しているとも言える。

同時に、左遷は、個々の社員の働き方、生き方とも密接に関係している。日本の企業では、個人の能力やスキルよりもバランスを考慮するので、先ほどの半沢直樹のように、期待が外れて日の当たらない部門に行くこともある。また自分では避けられない不運に納得のいかないこともあるだろう。

私は、左遷などの挫折や不遇の時期を過ごしたことを糧《かて》に、イキイキと働いているビジネスパーソンに数多くインタビューや取材をしてきた。私自身も左遷のおかげで、定年後も執筆の仕事に取り組むことができている。おかしな言い方かもしれないが、左遷に感謝している一人である。

そういう意味では、組織側からの見方だけではなく、社員側の視点で左遷をチャンスに変える働き方、生き方についても本書で検討してみたい。

なお、文中に登場する人物の所属・肩書き等は、執筆当時のものであることをお断りしておく。

左遷論　目次

第1章　菅原道真、失意の晩年
——左遷とは何か

第2章　定期異動日は大騒ぎ——人事異動と左遷　33

第5章　出世よりも自分なりのキャリア——消える左遷、残る左遷　135

第6章　池上さん大活躍の理由——左遷は転機　161

第7章 「道草休暇」が社員を救う
——左遷を越えて

左遷論

第1章　菅原道真、失意の晩年
――左遷とは何か

定義とその用例

左遷という言葉は、『日本国語大辞典』（小学館）によれば、「（昔、中国で、右を尊び左を卑しんだところから）朝廷の内官から外官にさげること。また、一般に、それまでよりも低い官職、地位におとすこと。中央から地方に移すこと。左降。さすらい」という意味だとされている。辞書に『史記』の用例も紹介されている。秦《しん》の滅亡後、項羽《こうう》は諸侯に領地を分配したが、劉邦《りゅうほう》には約束した関中《かんちゅう》ではなく、その西側の辺境の地が与えられ、「劉邦を左に遷《うつ》す」と言ったことから、これが左遷の語源になっているという。もともとは漢語であったものが、日本に取り入れられて一般の言葉になったものだ。

実際の左遷の用例はどうなっているのかを、『日本経済新聞』の2010年7月から15年6月までの5年間の朝刊、夕刊に掲載された記事の検索から検討してみた。

左遷という言葉を本文に使用している記事は38件あった。全体の記事の量から見ると決して多くはない。馴染《なじ》みのある言葉である割には、それほど使われていない。ちなみに「昇進」に比べると、20分の1くらいの用例数にとどまっている。

記事の中で、「左遷」という言葉は、ほぼすべてが、それまでよりも低い役職や地位に落とすことの意味を含んでいる。ただ異動や転勤を伴う意味で使われているケースもあれば、勤務する場所の変更の意味は含まれないケースがある。全体の割合としては、前者の方が多く、6割程度である。

また自らのキャリアヒストリーを語ったり、ある特定の人の経歴や人生を説明するために左遷という言葉を用いている。これは全体の4割に及ぶ。その主体は、企業経営者や政治家、軍人、外交官など目立った経歴を持った人がほとんどだ。

新聞の記事の中に歴史上の人物が取り上げられている例が3件あった。

平安時代前期の菅原道真《すがわらのみちざね》が右大臣から京を遠く離れた大宰府《だざいふ》に転任させられたこと、陸軍の軍医幹部だった森鷗外《もりおうがい》が、東京勤務から新設の小倉《こくら》師団への転属辞令を受けたこと、奈良時代の僧玄昉《げんぼう》が大宰府の観世音寺《かんぜおんじ》に流された例などである。

このほかには組織で働くビジネスパーソンの健康やストレス、労災適用との関係で、左遷が取り上げられている例が3件ある。たとえば、企業で働くビジネスパーソンのストレス項目として、離婚や別居、単身赴任、転職などと並んだ項目として使われていたり、心身の健康との関係で、昇進、退職などと横並びで左遷が用いられている。パワハラ（パワーハラスメント）の原因になった文脈で使用されている例もある。

小説の紹介や本の書評の中で、左遷という文言を入れて説明している例が4件あった。筒井《つつい》康隆《やすたか》氏の小説『俗物図鑑』で登場人物を説明する文脈で使用されたり、書籍紹介の中で「人事に左遷なし」という言葉が引用されたりしている。

また異動や転勤の意味が含まれていない用例では、一般論として役職や地位を下げる意味に使用されていることが多い。ただ企業不祥事における経営トップの強い権限を説明するケースで左遷が使われている例が2件見られた。

複数の自社関連会社から借り入れた大金を経営トップがカジノで失うという私的使用が発覚した某社の例などがある。具体的には、「指示を断れば左遷されると思った」「怒りを買えば左遷されかねなかった」である。

多くの場合、左遷は否定的な意味に使用されるが、「左遷された経験をいかにバネにできるか」や「左遷でも嬉《うれ》しい」などの前向きな意味を持たせる用例も見られた。興味をひかれたのは、役職や地位を下げる意味では共通していても、必ずしも収入や給与、経済的打撃に直結していないと思われる用例が多かったことだ。

そのほかにはコラム記事の中で、「国破れて山河在り」で始まる「春望」で有名な杜甫《とほ》などの中国の詩人のことを左遷と絡めて述べている記事も2件あった。これらは組織の中の左遷というよりも、『日本国語大辞典』の定義で言う「さすらい」に近い意味だと思われる。

変わった例では、女性アイドルグループのAKB48のメンバーが、人事異動になぞらえて栄転や左遷で語られる用例がある。やはり一般に浸透している言葉なのである。

これ以降は、左遷を「それまでよりも低い役職や地位に落とすこと。外面から見て明らかな降格ではなくても、組織の中で中枢から外れたり、閑職に就くことを含む。ただしこの場合は、当の本人が主観的に左遷だと理解していることが要件になる」と規定した上で本文を進めていきたい。

左遷を語る嬉しそうな顔

私はビジネス街にある喫茶店で時々仕事をしている。４月上旬だったが、執筆中の原稿を手直ししていた時に、紺のスーツをきちんと着込んだ40歳くらいのビジネスマン二人が隣の席に座った。

そして席に着くや否や、

「後輩のAは、○○支店の次長だぜ。きっと部長が人事に押し込んだんだ」

「Bさんは、本部の融資部に戻ったらしい。希望していたからなあ」

「Cは、南の支店に飛ばされた。間違いなく左遷だな。支店長と合わなかったらしい」

などと一人ずつ名前を挙げながら、どこに異動になったかと、その異動の意味合いを短くコメントしていた。

近くに本店がある銀行の行員が定期異動について語り始めたのだ。大きな声なので耳をそばだてなくても大まかな内容は分かる。「昇進」「栄転」「左遷」「出向」「横滑り」などの言葉が二人の口から次々と飛び出してくる。隣にいた私の方が、部署名や人名などを挙げて話をしていて大丈夫なのか、と気になった。しかし二人は話に夢中で周りのことは眼中にはない様子だった。

人事異動の話が一段落ついて、一度は仕事の話に切り替わった。しかしすぐに人事の話に戻った。今度は同期入社の行員の消息を互いに語り出した。

これも同様に、誰がどこに異動になったかという話と一言コメントが入っている。ここでも「栄転」「左遷」などという言葉が何度か聞こえてきた。

そして印象的だったのが、二人とも非常に嬉しそうに語り合っていたことだ。私から表情をうかがうことができた行員は、特徴のある大きな目を絶えず動かしながら、コメントをするたびに顔がほころんだ。互いに声を出して笑い合う場面もあった。

二人は、手元に書類を持っていたわけではなかったので、頭に浮かんだ一人一人の名前を思い出しながら語り合っていた。もちろん自分のことは話の内容には入っていない。

結局、午前10時過ぎから1時間余り、ほとんどが人事異動の話で終始した。二人とも鞄《かばん》を持っていたので、営業先に行く前に喫茶店で落ち合ったのかもしれない。

知人であるメーカーの営業マンの上司は、毎月の締め切り間近になると、「こんな成績だと、来年は左遷だぞ」と口癖のように言い放つらしい。そのため彼は左遷という言葉が新聞紙上で頻繁に使われていないことは意外だと語っていた。しかし喫茶店での銀行員同士の会話や部下に発破をかける上司の発言は公式の場には持ち出せないだろう。

このように左遷の用例を見てくると、一般的に仲間内や、上司と部下との個別の間柄の中ではよく使われるが、新聞紙上など公式の場面には、それほど使用されていないことが推測できる。

経営学の対象にもなりにくい

何人かの経営学や商学の研究者に聞くと、「左遷」を研究対象にすることは難しいと言われた。理由としては、異動の客観的データを得ることが容易ではないことを挙げた。たしかに人事異動は企業内の事象なので、データの収集は簡単ではない。ただ、この点で言えば、立命館大学産業社会学部の教授を長く務めた辻勝次《つじかつじ》氏の『トヨタ人事方式の戦後史』がある。

日本の代表的企業であるトヨタ自動車の人事を多角的に研究するために、社史や有価証券報告書、新聞記事などの外部資料だけではなく、1940年から2000年までの60年間にトヨタの社内報で得た個人データをもとに、社員6万人分の入社、異動、昇進、退職などの情報をデータベース化している。その数は25万件にのぼるという。ある社員については、入社から出向して転籍するまでの30年間の役職名、配属部署名などが経過年数とともに把握されている。データの補足のために、面接調査も併用している。

これらをもとに、昇格管理、部署異動とキャリア格差、役員会の構成と昇進ルールなどについて分析検討を加えている。私も企業の人事関係に関するいろいろな研究に目を通したが、これほど膨大な人事データを駆使した著作をほかに知らない。

しかしこの700ページに及ぶ大著にも、左遷については言及されていない。たとえ社内報などで客観的な異動の事実は確認できたとしても、その異動が左遷かどうかの判断はつかないのであろう。

またアンケートで数多くのビジネスパーソンに対して調査を行うにしても、やはり左遷かどうかを客観的に判断することは困難だ。左遷については情報自体がデリケートで、個人の内心の評価にゆだねられている面が大きい。そのため外部の研究者などが取り組む対象にはならない。

研究者の方も実業界での経験があれば、左遷というものが実際には存在することは分かっている。しかし左遷かどうかを客観的に判断することはできないという。

欧米では、日本でいう左遷にぴたりと収まる概念がないので先行研究がない。これも研究対象にならない一因であると説明してくれた。

たしかに第一生命保険が実施しているサラリーマン川柳コンクールの中でも、「勤務中

つぶやいてたら　左遷なう」（ポポポポーン太郎・作）といった入選作があるが、全体では左遷が直接取り上げられている件数は多くないようだ。テーマとしては会社員の関心は高いが、左遷自体が客観性のある明確な概念ではないためと思われる。

菅原道真は左遷の代名詞

左遷が主観的な価値判断にすぎないとすれば、なぜこれほど普及した概念になっているのだろうか。左遷というと、新聞記事の用例にも登場した菅原道真を思い浮かべる人が圧倒的に多い。

菅原道真は平安前期の文人政治家で、幼少より詩歌に優れた才能を示し、宇多《うだ》天皇の信任が厚く、要職を歴任して右大臣にまで昇り詰めた。左大臣に次ぐナンバー2のポストである。

しかしライバルであった藤原時平《ふじわらのときひら》の中傷により、大宰権帥《だざいのごんのそち》（大宰府の次官）に任ぜられる。実権のない名ばかりの役職で、住まいもみすぼらしく侘《わび》しい暮らしを強いられたという。転任の2年後に現地で没した。59歳であった。

そして道真の死後、藤原時平が39歳の若さで病死、左遷当時に在位していた醍醐《だいご》天皇の皇子や孫が次々に病死、さらには、評議の最中だった清涼殿《せいりょうでん》（天皇の住居である内裏《だいり》の中心部）

が落雷を受け、要人に多くの死傷者が出たことから道真の祟《たた》りだと恐れられた。のちに宮中は道真の罪を赦《ゆる》すとともに、太政大臣《だいじょうだいじん》の贈位も行った。京都の北野《きたの》に天満宮《てんまんぐう》を建立《こんりゅう》して道真の祟りを鎮めようとした。今でも天満天神として信仰の対象にもなり、学問の神として崇《あが》められている。

それではなぜこれほど菅原道真の左遷は有名なのであろうか。

平安時代後期に成立した歴史物語である『大鏡《おおかがみ》』は、176年間の宮廷の歴史を、藤原北家《ほっけ》、ことに道長《みちなが》の栄華を軸にして書かれている。

『大鏡』についての多くの著作を持つ松本治久《まつもとはるひさ》氏は論文の中で、大臣の左遷が3件、4人について取り上げられていると書いている。菅原道真(藤原時平伝)、源高明《みなもとのたかあきら》(藤原師尹《もろただ》伝、同師輔《もろすけ》伝)、藤原伊周《これちか》・隆家《たかいえ》兄弟(藤原道隆《みちたか》伝)である。

松本治久氏は、4人のうちで道真の左遷が最も詳細に記載されていることを示したうえで、『大鏡』は、道真の悲嘆を、その漢詩や和歌によって歌物語のようにして語っており、これが人々の興趣をひく結果となったと指摘している。

道真の場合は、当時有名な詩人であったことから、同じ大臣の左遷として扱うにも目立つ話になりやすい。また道真の祟りだと恐れられた出来事が相次いだことも、その物語性を高めている。

それらを受け継いで、江戸時代には、道真の物語を描いた「菅原伝授手習鑑《すがわらでんじゅてならいかがみ》」は人形浄瑠璃《じょうるり》・歌舞伎で上演されて大当たりとなり、現在でもこの作品の一部は人気演目として繰り返し上演されている。

森鷗外の「小倉左遷」

菅原道真の左遷は、平安期の宮中の話で、組織の実態はそれほど明確ではない。そこで初めの新聞記事の用例に登場した森鷗外の例も見てみよう。この場合は、組織は陸軍であり、その中の軍医に対する人事異動が対象である。

森鷗外は東京大学医学部を卒業して陸軍軍医になり、派遣留学生としてドイツで過ごした。帰国後、本格的な文筆活動に入り、明治・大正期を代表する小説家となった。同時に、日清《にっしん》戦争従軍や台湾《たいわん》勤務などを経験し、陸軍軍医としても出世街道を走り続けた。

１８９９年（明治32年）に軍医監（少将相当）に昇任し、第12師団軍医部長として福岡県の小倉に赴任した。いわゆる「小倉左遷」である。

鷗外自身もかなりショックだった様子で、多くの評論家などがこの小倉時代のことを論じている。「左遷」をタイトルに含む著作も刊行されている。

この人事異動は、軍医監に昇任したうえで小倉に赴任しているので、人事部の仕事を経験した私の立場からすれば、左遷とまで言えるのかどうか首をかしげる点もある。

しかし鷗外本人は、今まで一点の曇りもなく昇進してきた経歴や、東京から遠く離れた小倉に行くこと、東京の師団と新設の小倉師団との組織上の落差、また先に陸軍軍医総監になっていた大学同期の小池正直《こいけまさなお》に対するライバル意識もあったのではないかと思われる。

その後、鷗外は東京に戻り、日露戦争にも従軍して、1907年（明治40年）に、陸軍軍医総監（中将相当）に昇進して軍医のトップである医務局長に就任した。

鷗外本人が小倉への赴任を左遷と受け取っていたことは、彼が書いた日記を見ても明らかである。私が特に興味を持ったのは、森鷗外が菅原道真の大宰府左遷を強く意識していると思われることだ。

「小倉日記」を読むと、小倉に行くために、新橋《しんばし》から西に向かい、大阪を発った鷗外が、「私《ひそか》に謂《い》ふ、師団軍医部長たるは終《つい》に舞子《まいこ》駅長たることの優《すぐ》れるに若《し》かず」と、師団の軍医部長よりも、白波がゆったり押し寄せる舞子の浜で、駅長を務めている境遇の方がよほど幸せだろうと書いている。

大宰府へ赴く途中で、播磨国《はりまのくに》の明石《あかし》の駅《うまや》（古代の交通網の施設）というところで、駅長が菅原道真の左遷を大変悲しんでいる様子を見て、道真が詩を詠んだことが『大鏡』に書かれている。

おそらく森鷗外は『大鏡』を読んでいて、自分と菅原道真の境遇とを重ね合わせて明石のすぐそばの舞子駅の駅長のことを日記に書いたのではないかと思われる。

いずれにしても当時の代表的知識人でもあった森鷗外が、出世街道をひた走っていた際に、突然小倉師団に赴任となった。これもストーリー性が強いと考えていいだろう。左遷のストーリー性とは、順調に走ってきた者が、意外な人事によって先が見通せなくなり立ち往生するという、人の一般的な悩みに共通する素朴な物語である。鷗外がどのようにしてこの左遷された気持ちを乗り切ったかについては後述する。

経済小説の名作を数多く著した城山三郎《しろやまさぶろう》氏の作品にも、「左遷」は、テーマとしてよく取り上げられている。

小説『落日燃ゆ』では、外務大臣、内閣総理大臣などを歴任した広田弘毅《ひろたこうき》が外交官時代、当時小国だったオランダに公使として赴任することになった時に、「風車、風の吹くまで昼寝かな」と詠んだエピソードを取り上げている。広田は戦後の軍事裁判で、文官でただ一人

A級戦犯として有罪判決を受け、死刑となった。ここでも物語というか強いストーリー性がうかがえる。また、同じ城山氏のベストセラー『毎日が日曜日』の初めの部分は、左遷になった商社マンが京都に赴任する場面から始まっている。

先ほどの新聞記事の用例で検討したように、左遷はあるストーリーの中でのキーワードとして使用されることが特徴だと言える。目立つ経歴を持った人のキャリアストーリーとして語られる、歴史上の人物との関係で使用される、小説や書籍の紹介の際に取り上げられる、企業不祥事の経営トップの権限の説明などに使用される、といったふうにである。

やはり人事部には左遷あり

ここまでは「左遷」という言葉が一般的にどのように使われてきたかを紹介してきたが、ここからは企業内のことに話を移して左遷について考えてみたい。

私は平日の夜に、「働く意味」や「組織と社員の関係」などをテーマにビジネスパーソンが集まって議論する研究会を年に数回主宰している。その研究会で、左遷を取り上げたことがある。

20人弱の参加者の中には、現役の人事部員と、過去に人事部を経験した人が合わせて4人いた。いずれも人事部で仕事をしている時に左遷という言葉を聞いたことはないという。私自身も人事部に在籍していた時に耳にした記憶がないことに気づいた。ある現役の人事部員は、組織としては、適正な配置、適材適所が前提なので、左遷はあり得ないと主張した。

たしかに人事異動の担当者の仕事は、詰まるところ空いているポストに社員を当てはめる業務であり、実際にはそれほど大きな裁量はない。また会社組織の建前としても恣意性《しいせい》は公式には認めないであろう。

私が若手社員だった時には、「家を建てると転勤の辞令が出る」と社内でよく言われていたが、実際に人事部で働くようになると、それが俗説であることがよく分かった。そんな理由で異動を決定する裁量は持ち合わせていないし、人事担当者も人の子で、嫌われたくないのが本音である。

ただ全国にネットワークを展開している企業では、たとえ本人にとって不本意でも転勤辞令を出して地方のポストを埋めなければならない。そういったことが誇張されて伝えられているのだろう。

しかし、かと言って左遷が全く行われていないわけではない。

メガバンクの人事部や支店長などを経験し、小説家に転じた江上剛《えがみごう》氏は、「高田馬場《たかだのばば》支店に支店長として赴任した時は『お前は〇〇役員に嫌われたから、本部から追い出されたのだ。大丈夫か?』と言われ、築地《つきじ》支店長として赴任する時は、人事部が『本部に戻そうと思いましたが、〇〇役員らに反対されました。申し訳ありません』とこっそり連絡してきた」と述べている（ビジネス情報サイト「ダイヤモンド・オンライン」）。

人事部の公式上の言い方では、左遷はないと言っても、実際には皆無ではないのである。江上氏の例でも、非公式には、人事部がこっそり連絡してきたという。

また必ずしも非公式のものだけであるとは言い切れない。

長く大企業で人事異動の仕事を担当してきた岡林さん（仮名）は、就業規則や勤務規律に違反したエビデンス（証拠）が明確な異動と、そうでない異動とは区分すべきだと主張する。

彼によると、人事異動の大半はその趣旨や細かい理由まではオープンにしない。なぜならすべての異動に意味があるというよりは、空いているポストに人を当てはめるという実務上の理由だけのケースもあるからだ。必ずしも一人一人の希望や適性を見極めて異動を行っているわけではない。また、個人個人に説明する余裕がないという実際上の理由もあるという。

しかし、パワハラ、セクハラ（セクシャルハラスメント）、会社のお金の不適切な取り扱いなどに基づいて異動が行われるケースでは、不祥事の事実や本人の認めた事情書などが根拠になっている。このため本人が勝手に左遷だと思い込むようなエビデンスのない異動とは区別すべきだという。

彼の長い人事部門の経験から言うと、昨今はパワハラ、セクハラなどのコンプライアンス絡みの事例が増えており、転勤や降格の異動を伴うことが多いという。

社員の意識や、組織と社員との関係が変化していることもあるのだろう。法的には、使用者の安全配慮義務の明文化が行われた労働契約法第5条（労働者の安全への配慮）は、「使用者は、労働契約に伴い、労働者がその生命、身体等の安全を確保しつつ労働することができるよう、必要な配慮をするものとする。」と規定されている。

メンタルヘルスなどの対応も含めて、企業側の安全配慮義務がより強く要請されている。その結果、特に管理職に対してエビデンスのある転勤や降格も一部では増えているというのだ。左遷の定義である「それまでよりも低い役職や地位に落とすこと」から言えば、左遷に含めてもよいのかもしれない。

なぜギャップが生じるのか

このような人事経験のある人たちからの話を総合すると、人事部の中では、左遷は例外的であるととらえられているようだ。一方で、社員側は左遷を一般的なよくある事象だと受け止めている。「左遷を語る嬉しそうな顔」の項で紹介した銀行員同士の会話などからもそれはうかがえる。なぜだろうか。

一つ例を挙げよう。

社内でその分野のエキスパートとして自他ともに認めていた経理部の牧野さん（仮名）は、40歳を過ぎた時に、突然営業部門に異動になった。彼が勤めるのは、従業員2000人程度の企業である。

本人は、会計や財務の仕事は自分の適性にも合っているので、専門家の道を全うしたいと思っていた。休日にも専門書を読むことも多かった。会社にも貢献している自負もあったので、「なんで私が営業に行くのだ」と理解に苦しみ、左遷になったと思い込んだ。

そして2年ほどして、牧野さんが所属している営業部門が、本体から切り離されて子会社に移行されることが決まった。牧野さんも当然子会社に行く前提で話が進んでいた。ところが移籍の直前になって人事部に呼び出されて、本社の経理部門に戻る辞令を受けた。

不思議に思って、彼が人事部員や経理部の人たちから経緯を聞いてみると、どうやら社長の命令で本部に戻ったことが分かった。そして2年前に経理部から営業に異動になったのは、社長から「現場の視点を身につけさせるために、一回営業を経験させろ」という指示が出ていたからだというのだ。牧野さんは、その時に初めて自分で勝手に左遷だと思い込んでいたことに気がついたという。

この例のように、人事部の中では左遷ではなくても、個々の社員が自分で左遷だと認識することは少なくなさそうだ。

こういう誤解が生まれるのは、人事異動の意図や理由を対象者にきちんと説明しないという慣行が影響している。本来は、どういう目的のために今回の異動が組まれて、どのような観点で対象の社員を動かしたのかという説明が本人に必要なのだろう。

ただ実際には、先ほどの人事部の経験が長い岡林さんが話していたように、非常に手間のかかる作業であるし、本人に説明するに足りる明確な理由がない異動もある。

また日本の企業では、言わないでも分かるだろうという雰囲気が強い。人事異動の権限は、会社や上司が一方的に持っていると考えているので、オープンには聞きづらいという心理がそれに拍車をかけている。牧野さんも左遷だと思っていても、その理由を誰かに確かめたことはなかったそうだ。

中高年になった時に、役職定年で役職から外れたり、ライン職から離れてスタッフ職になると、これ以上の上位職への昇進はないと悟る。そういう感情が、「左遷になった」という発言につながることもある。くわえて昨今では低成長や効率化の要請のなかで、管理職や希望するポストに昇格できない社員が多くなっている。不本意な処遇に対して複雑な気持ちを抱えている社員は間違いなく増えている。

頭の中では、後輩に道を譲らなければならないし、ポストが削減されているので仕方がないと思っている。しかし実際に低い役職や地位に落ちたり、昇進の望みがなくなると、心情的には左遷だという気持ちが上回るのである。そういう意味では誰もが左遷を経験すると言えなくもない。

仕事内容よりも組織パワー

新聞の用例では、企業経営者、政治家、軍人、外交官など目立った人の経歴を説明するなかで、左遷という文言が使用されることが多かった。このためビジネス面での用例をもう少し突っ込んでみるべく、『それでも社長になりました!』『それでも社長になりました!2』から左遷について検討してみた。

この2冊は、『日本経済新聞』朝刊の人気連載「私の課長時代」を書籍化したもので、大企業トップたちが課長時代のエピソードを本音で語っている。「自慢話は結構です。昔の失敗談を教えてください」とリクエストして始めた企画だという。

日産自動車、住友商事、セコムなど名だたる企業の現役社長が登場している。一人６ページの記事で、２冊合わせると38人になる。

この２冊の中に「左遷」の文言が直接使われていたのは、２か所だけでやはりそれほど多くはない。ほとんど実体のない海外事務所の所長の辞令を受けて左遷だと思ったことや、最先端の研究を担う部署から保全関係の地味な職場への辞令を受けて「ああ、これは左遷だな」と判断したことが書かれている。

この２冊で目立つのは、左遷という言葉こそ使われないが、自分の働いている部署が、会社の重要な仕事を担っていないとか、目立たない職場に異動になったと繰り返し述べられている。

日銀に在籍していた当時に、金融政策に直接携わる企画局から、「調査役という奇妙なポスト」を命じられて、「とうとう窓際に飛ばされたか」と落ち込んだという例、カメラ会社で最初の配属は「花形」の貿易部で海外駐在も経験して活躍したが、地味な事務機部門に配置転換された例、若い時に財団法人に出向しろと言われて「自分は会社に必要とされていないのか」と落ち込んだ例、また赤字続きの海外法人の社長になると周囲は「飛ばされた」と見ていた例などが紹介されている。

社内で目立たない部署、会社の枢要な部門ではない、または有力なポストではないなどのことが不本意な人事の例として繰り返し出てくる。

そしてこの不本意な人事の理由は、仕事の内容やレベル、または個人の能力の有無に対する言及は少なく、ほとんどが自分の所属する組織や地位のことが語られている。個人の能力よりも、組織やポストのパワーが優先されていることがうかがえる。

またこの2冊を読むと、社長に出世するためには、自分を引き上げてくれる経営陣との関係が大切だということがよく分かる。抜擢の反対は左遷だという理解があるかもしれないが、抜擢は役員などの上位職に引き上げられることがポイントで、左遷は社内の組織やポストのパワーに対する自分の受け止め方の問題であることが分かる。両者は異なる背景に依存している。

背景にある組織の序列

もう一つ事例を紹介しよう。

メーカー勤務の大石さん（仮名）は、入社10年目にして都内の支店から、地方都市の営業所に転勤になった。営業所は支店よりも〝格下〟とされていて、出世コースを歩める花形部署ではないと周囲も自分も思っている。

「上司は、辞令を言い渡す時に『転勤することになった営業所は、地元メーカーの営業力が強いので、テコ入れとして君を送るんだ』と言っていました。私は本店の管理部門で働くことを希望していたのでショックでした。なぜ自分が左遷になったのか。自分に至らないところがあったのか、もしくは、上司や人事部の課長代理に嫌われていたのか……。ついついそんなふうに思ってしまいます」と悩んでいた。

大石さんが左遷だと思った背景には、同じ会社の組織の中でも、漠然と序列が存在することだ。地方よりも都会、営業所よりも支店、支店よりも本店の方が上だという認識が会社全体の通例だったのだ。

先ほどの『それでも社長になりました！』とその続編でも、組織上は横並びであるはずの部や課であっても、社内の組織パワーや位置づけに差異があったり、同じ本店の課長職でもポストの持つ力やその後の昇進の可能性に格差があると感じている。14頁でも紹介した森鷗外も、東京の師団と新設された小倉師団との組織上の序列が左遷の感情の中に含まれているようだ。

江上剛氏の企業小説『失格社員』には、若手社員の評価は働く部署にも影響することが書かれている。最も高く評価されたグループは本部の企画部門や国際・証券分野などに抜擢され、次順位のグループは国内審査・債権回収部門などの少し華やかさに欠けるポストに配属、それより劣る評価になると支店勤務で銀行員生活を終わることが普通になる、と書かれている。そういう組織パワーの格差が、左遷や不本意な人事だと判断する気持ちにつながっている。

また新聞記事の中でも、そういう組織の格差がうかがえるケースがある。たとえば、農協の元営業担当者の「内部で評価されるのは手数料収入が多い住宅ローンや共済（保険）契約の獲得で、農業担当への異動は左遷とみなされていた」といった発言だ。

本来であれば、仕事の内容が第一であるはずなのに、どの職場で働いているかが優先される。組織偏重と呼べる実態が左遷を呼び込んでいると言っていいだろう。しかも給与は下がらず、降格ではなくても左遷だと受け取るのである。

大石さんのように地方に異動になるとショックを受ける社員は多い。私の友人は、予期していなかった島の営業所に赴任することになって、転勤の挨拶状《あいさつじょう》に、「島流しにあいました」

と手書きの一文を添えた。思わず「うまいなあ」と笑ってしまったが、彼の心中は察することができた。

しかし付け加えておくと、地方への転勤＝マイナスのイメージを持つ社員は多いが、そこで働いているうちに「住めば都」と考えるようになる社員は少なくない。

自分のことは3割高く評価

拙著『人事部は見ている。』の中で、「人は自分のことを3割高く評価している」と書いた。このことも、人事部や組織が左遷ではないと思っていても、本人は左遷だと受け取ってしまう一つの理由だと思える。

かつて私は支社内の女性事務職の大幅な人事異動を行った。当時は管理職になったばかりで、全力を傾けてその異動に取り組んだ。支店の役職者や営業担当者にもヒアリングをして、過去の人事評価もすべて丹念に読み込んだ。もちろん全員に対して個別に面談を行い、日常の業務に関する話を聞きながら異動希望の有無も確認した。自宅で風呂に入りながらも、あだこうだと考えを巡らせながら取り組んだことを覚えている。

自分としては自信があった。実際にも大幅な配置転換であったにもかかわらず、特に業務に支障も生じなかった。

ところが異動の対象になった社員の7～8割くらいが、その内容に不満を持っていた。

「私はいつも仕事量の多い営業所ばかり担当になる」

「私が支店に戻れば、同僚のDさんよりもチームをまとめられるのに……」

「現場（営業所）での私の働きぶりは支店では分かってくれない……」

といった声が聞こえてきたのである。

5割程度ならまだ理解もできるが、なぜ7～8割が不満を持つのか納得がいかなかった。それで対象者一人一人に話を聞いてみることにした。男性社員とは違って女性の事務社員は、こちらからオープンな姿勢で聞くとストレートに本音を語ってくれたので、彼女たちの受け止め方を確認できた。

各社員は、周囲が見るよりも自分のことを高く評価していたのである。

「私なんてとても力不足ですから」と謙遜する社員でも、それは重い仕事を避けたい気持ちから発言しているのであって、自分に対する評価はやはり周囲のそれよりは高く見積もっていた。一方、他の同僚に対する評価には大きな誤差はなく、他人の異動に関しては問題なしと判断している社員が多かった。

その時に、「人は自分のことを3割程度高く評価している」と実感したのである。

推理作家の石持浅海《いしもちあさみ》氏は、拙著を新聞で紹介してくださり、「本書には、興味深い記述がある。『人は自分のことを3割高く評価している』というのである。（中略）そのとおりだ。ただし、会社員に限ったことではない。作家も同様だ。いや、作家は3割どころか、自作は世間の評価よりも3倍面白いと思っている。それでいいのだ。だって、そうでなければ、プロの作家になんてなれない」と述べていた（『日本経済新聞』2014年5月7日）。

自分のことを高く評価して肯定感を持っていないとイキイキと働くことはできない。作家が3倍自分を評価しているのもよく分かる。それくらいでなければ苦労して小説を書き上げることはできないだろう。会社員も自らを高く評価していないと、組織の活力も出てこないのである。

しかし3割高く評価しているのであるから、自分を振り返る時に、客観的には問題のない異動も左遷に思えてしまう心理がそこにあるわけだ。

心理学者の菊池聡《きくちさとる》氏（信州大学教授）によると、「あなたは平均的な人よりも優しいと思いますか？　それとも平均以下ですか？」と質問すると、日本の若者の7割以上が「自分は平均よりも優しい」と答える。「平均以上効果」と呼ばれる心の動きだという。

同じく菊池氏は、サッカーの試合が終わった後に、「あなたは今日の勝利に何パーセントくらい貢献したと思いますか?」と貢献度を尋ねると、本来であれば、選手全員の合計は、100%になるべき質問であるが、答えを合計すると簡単に200%くらいまで達してしまうと言っている(『40歳の教科書NEXT』)。

会社員は仕事帰りの居酒屋などで「上司が自分を正当に評価してくれていない」とよくぼやく。そういう心情の中には、この3割増しの原則が隠れていることが多い。

左遷は強者の論理

組織で働くビジネスパーソンに幅広くヒアリングしていくと、左遷は役職や地位を下げられて被害者的に語ることだけにとどまらないことが分かる。

たとえば、機械メーカーで役員まで経験した人によると、昔からメインバンクの部長クラスが必ず役員として出向してきたという。数年で入れ替わることが多いので、6、7人を役員として迎えてきたそうだ。

メーカーのことを真剣に考えて仕事に取り組む人もいたが、本体の銀行で出されてここに来たという気分で仕事をしている役員もいた。なかには、「銀行から左遷されてきた」と発言する人までもいた。そういう役員は、いつも銀行の上層部のことだけを気にしていて、出向先での仕事には本腰を入れないので立腹することがあったと語っていた。

また親会社から左遷されたと思い込んで子会社に出向してきた50代の男性社員は、1年たっても一向に仕事に身が入らない。一緒に仕事をしている女性社員からは、あの人がいない方が仕事がはかどると言われている。パソコンを開きもせず、自分から進んで動こうとしないらしい。二言目には「前の会社では」とのたまう。

本人は自分に対する人事異動が不満で左遷と思うかもしれない。しかし大多数の人たちはその異動先の会社でずっと働いている。彼らの心情を顧みもせずに自分の不満を周囲に漏らすばかり、あるいは子会社へ出向となったことを都落ちのように思ったまま働かず業務を妨げているわけだ。

そこにあるのは取引先や子会社を見下した態度だ。結果としてそこで働いている人たちに良い影響を与えない。こうなると左遷を主張することは強者の身勝手な論理であると言えるのではないだろうか。

また大手企業で常務まで務めたある役員は、役員メンバーにとって子会社の社長に転出することは左遷を意味するそうだ。そして社長からその内示が出ると、どの役員も「なぜ俺なんだ」と言い放ち、辞令の出た日は役員室にこもりきりになったりするらしい。
彼の部下から見れば、もうそこまで出世したからいいのではないかと思っているだろう。このような役員の態度は、自分を支えてくれている社員に対してやはり強者の立場に立っている。

次章以降においては、左遷というキーワードを手がかりに、日本企業の特徴について検討を深めてみたい。またビジネスパーソンが不本意な人事に対してどのように対応すればいいかについて考えていきたい。

第2章　定期異動日は大騒ぎ
——人事異動と左遷

配属発表の悲喜こもごも

第1章では左遷について述べてきたが、もちろん左遷だけが独立して存在しているわけではない。栄転もあれば、昇進もある。これらの処遇は本人に対する人事評価にも関わっている。そして実際には左遷、栄転、昇進は人事異動によって生じる。

そもそも会社が人事評価や人事異動を行うのは、社員を一つの集団として把握し、転勤や配置転換を繰り返しながら社員の職務範囲を広げ、仕事能力の熟練を高めていくという運用が基本にある。同時にそれぞれの職場で社員の働きによる評価を積み重ねて、各社員の人事評価を長期的に確定していくことになる。

若い頃は全国転勤をこなしながらいろいろな職場を経験してきた社員も、年次が高くなると、過去に経験した職場に配置されることが多くなる。一定の年数を経るにつれて仕事能力の熟練にも目処《めど》がつき、会社から見た適性や評価も固まってくるからだ。その後は、能力アップや昇格よりも、安定的で効率的な組織運営のための配置に移行していく。

私は生命保険会社に36年間勤めた。その間、名古屋、大阪、東京間を転勤しながら、合計15回異動の辞令を受けた。

会社生活を振り返ってみると、一番記憶に残っているのがそれぞれの異動内示を受けた場面である。昇進がかなって喜んだ時もあれば、配下の社員の不祥事によって子会社に左遷になった時もある。

また栄転や左遷とは無縁な新入社員の配属発表の時の記憶でさえ、40年近く前にもかかわらず鮮明である。

約2週間余りの集合研修を終えて、およそ120人の新入社員は本社の大会議室に集められた。人事課長が一人ずつ名前を読み上げる。それに応じて各新人は起立して課長から配属先の職場を聞いて着席する。思いも寄らない地方支社への勤務を命じられ、「ありがとうございます」がうまく言えない人もいた。

希望していた東京になって喜んでいる社員や、「都落ちだ」と落胆する人、地元で働けると喜ぶ社員など悲喜こもごもだった。

配属発表の数日前に行われた人事担当者との面接の中で、私は地元の神戸支社か、大阪の本店で働きたいと申し出た。しかし地方支社になるかもしれないという反応だった。研修寮の風呂で仲のよかった同期にそのことを話すと、「俺は地元の大阪にいることができるニュアンスだった」と聞いて少なからずショックを受けた。しかしふたを開けてみると、二人とも名古屋の支社に配属になり大笑いしたことも懐かしい思い出だ。

発表後の昼食時は、誰がどこの職場に行くかの話でもちきりだった。短い期間とはいえ、同じ釜の飯を食べた同期との間では連帯感も生まれている。この連帯感が他のメンバーの配属先を気にすることと大いにつながっている。

社外の人も雰囲気で分かる

もちろん新入社員の配属場面だけではなくて、人事異動は社員に大きなインパクトを与える。私が若手社員で法人営業を担当していた時のことだ。当時はワンフロアに100人を超える社員が働いていた。

飲み物を届けてくれていたヤクルトで働く女性は、毎朝オフィスに現れると笑顔で元気よく挨拶してくれた。社員からの冗談にもうまく対応できるので、彼女が来るだけでオフィスが明るくなった。売上げも相当上げていたことだろう。ある意味、職場の有名人でもあった。

彼女は定期異動の日だけはいつもと違うと語っていた。なぜかと私が聞いてみると、普段は得意先に直行している社員が必ずいるのに、この日だけは全員が朝から席に着いている、しかもオフィスに漂っている緊張感が半端ではなく、自分が挨拶をしても返ってくる言葉は気もそぞろだという。そのため、毎日同じ商品を買ってくれている社員の机の上に黙って飲み物を置くだけだ。会社に通い始めた頃は、なぜこの日だけ様子が異なるのかが分からなかったという。

たしかに、定期異動の日は特別だ。人事異動の内示書のコピーを所属長が手に取り、会議室に入って一人ずつ部下を部屋に呼び込む。その時にフロアの緊張感は最高潮に達する。誰もが自分が辞令を受けるのではないかとそわそわしている。所属のメンバーは無関心を装いながらも、呼ばれた本人がどのような表情で会議室から出てくるかをきちんと見ている。

私は定年退職が間近の2、3年は、もう異動はないと思い込んでいたので定期異動の日も関知していなかった。それでも何かオフィスの中にある緊張感を感じて、「ああ今日は定期異動の日か」と気がつくことがあった。当時のヤクルトの女性と同じことを感じていたのだ。私が若かった時は、異動の内示書は分厚い紙の冊子だったが、それがメールでの一覧表になっただけで、あとは何も変わっていない。

異動内示書は奪い合い

定期異動日のことを複数のビジネスパーソンに聞いてみたが、ほぼ同様の行動が各社で展開されていることが分かって興味深かった。

部内のメンバーへの異動内示が終了すると、転居を伴う転勤や出向の場合などはすぐに次の手続きにかからなければならない。このため所属長は総務の担当者に人事異動の内示書を渡すことになる。

内示書が冊子だった時には、昼食を早く終え、上司の了解を得て内示書と首っ引きになる社員もいた。同じ職場の社員の行き先だけでなく、同期入社者や仕事で関係する他部課の社員のことが気になる。彼らが昇格したかどうか、職場を変わったかどうかを早く知るために、奪い合うように冊子を見ていた。冊子をバラして分けることはできないので、先輩が見終わるのを後ろで2、3人が待っているといった光景もあった。

今は所属長のパソコンの中にある異動一覧表のファイルを早く見たいと焦っている。

「Eさんは部長に昇格した。同期のトップだ」

「おっ、前の職場で上司だったFさんは地味な職場に移っている。左遷かな？」

「同期のGは海外事務所に転勤か。希望がかなったな。Jは留任だ」

「後輩のKは地方の支社か。課長と折り合いがよくないと言っていたなあ」

など同期の顔や過去に一緒に仕事をした同僚の記憶を呼び起こしながら読み込んでいる。発表日までに職場では異動の噂が諸々《もろもろ》飛び交っているので、それを確認する意味合いも含んでいる。


昼食時の喫茶店での話題は、もちろん発表されたばかりの異動内容の検討である。いつもの昼休みと違って会話にも勢いがある。前述した喫茶店における銀行員同士の会話とほぼ同じやり取りが繰り返される。ここでも他人のことを語る社員の表情はなぜか嬉しそうだ。

午後からは、同期入社の友人同士や異なる部署の社員がことあるごとにオフィスや廊下で知っている内容を語り、相手の話に聞き入る。情報を収集するために各職場を回る社員もいる。彼にとって異動の内容を知っておくことは業務だという大義名分になっている。でも本当はすぐに知らなくても仕事には何の支障もない。私はラインの仕事から離れてみて、そのことがよく分かった。新年度まではまだ時間もあるからだ。それでも社員のすぐに知りたいという欲求は強い。だから講釈を垂れる一日人事課長も現れるのである。

もうかなり前の話だが、私がある総合商社の財務部にうかがった時に、壁にかかっていた3月のスケジュール板に、「○○証券・人事異動」と書いてあることに気がついた。

「なぜ大手の○○証券の人事異動日がスケジュール表に入っているのですか？」と聞くと、「その日は、午前中に人事異動があるので、午後からは相場が動かないからさ」と財務課長が冗談交じりに語ってくれた。真偽のほどは定かではないが、この証券会社も人事異動の内容が社内を駆け巡り、仕事がろくに手につかないということらしい。

会社近くの居酒屋は定期異動の話題でもちきりとなる。かつて私が大学の非常勤講師をしていた時の受講生が、ビジネス街の居酒屋でアルバイトをしていた。彼は、会社員がいかに人事に関心を持っているかを知って驚いたという。特に春休みの3月には、各テーブルでその話題が中心になるそうだ。

家に帰ると、社内では口に出せない愚痴を妻にこぼしてみたり、昇格できなかった悔しい思いを子どもの寝姿を眺めることで慰められたりする社員もいる。

こうして会社員の最大のイベントは終わるのである。

勤務地は重要な働く条件

会社員は、なぜこれほどまでに人事異動に関心を寄せるのだろうか？

転居を伴う転勤になれば、新たな住まいを探さなければならないし、子どもたちの学校のことも考える必要もある。家族と一緒に行くか単身赴任にするか迷わなければならない場面もある。海外勤務の場合は、準備や対応すべきことが飛躍的に増える。

せっかく慣れてきた仕事なので来年度もこの職場で働きたいと願っている社員もいれば、今の管理部門の仕事が合わないので現場に出たいと思っている社員、相性が合わない生真面目な上司と何が何でも離れたいと考えている社員もいる。

また自分が希望しているニューヨーク事務所のポストが一つ空きそうだ、また組織の改編で単身赴任を解消して本店に戻ることができるかもしれないと、期待の中で人事異動を待つ社員もいる。

このような自分の環境が変わるかもしれないという側面に加えて、人事異動は、昇格や降格がはっきりするタイミングでもある。同期入社のトップを切って課長職に昇進して喜ぶ人もいれば、同期の多くが管理職に登用されているのに昇格がかなわない社員もいる。

50代半ばでライン職を降りることを言い渡されたり、出向辞令に肩を落とす社員もいる。また課長への昇格の内示を受けて嬉しい反面、次の職場での不安が大きくて複雑な気持ちのまま上司の話を聞いている社員もいる。

このように社員側は不安定な心境にあるので、人事部や上司との間にコミュニケーションギャップを抱えやすい。発表される直前はその不安定な気持ちがピークに達する。私が知っているある管理職は、人事異動が出る前に部下と面談を行い、事前に異動の趣旨を本人に話して、過度な不安を取り除き意欲づけを図っていた。うまいやり方だなあと感服したものだ。

また第1章で述べたように、会社の組織自体に序列があることや、自分のことは3割高く評価している現実とも相まって、不本意な人事というか、左遷という受け止め方が生じるケースが少なくない。

元通産官僚で作家の堺屋太一《さかいやたいち》氏は、『団塊の世代』という小説を書き、近未来の予測を見事に的中させている。ここに収められている4話のうちの3話は、人事異動がテーマだと言ってもよい内容だ。そこでは不本意な人事や出向が取り上げられている。

会社員にとってそれだけ大きなインパクトを持っているからこそ小説のストーリーに組み込まれているのだろう。実際にも社員が働く環境や労働条件、心持ちと直接リンクしている。

退職しても一番の関心事

自分の働く条件には直接影響がなく、担当する職務にも関係がないのに、人事異動に大きな関心を抱いている人は少なくない。

私は40代後半に、従業員約300人の子会社に出向した。役員や部長たちの多くは本社からの出向者で占められていた。私の場合は、2、3年で本社に戻るという前提だったが、彼らの多くは片道切符で来ていた。

驚いたのは、ここでも本社の人事異動が大きなインパクトを持っていたことだ。すでに会社から退職金を受け取って退職している役職員も強い関心を持っている。

本社の定期異動の情報が入ってくると、昼休みはその話でもちきりになる。本社の社員と全く変わらない。話の中心は、自分の同期入社の社員の行方《ゆくえ》や、過去に一緒に仕事をした元部下などである。

すでに社員の立場を離れているのに、なぜこれほどの強い関心を抱いているのだろうか。長く働いてきた組織に対する愛着もあるのだろう。そこには、他人のことは面白いという気持ちもありそうだ。人事異動よりも興味を持てることがないからかもしれない。いずれにしても前述の喫茶店での銀行員同士の会話と似た状況がここにも現出している。

これはいったいなぜなのか？

多くの人にヒアリングをしていくと、盆や正月に田舎に帰って親類が集まった時に交わされる会話と基本は同じだと言う人がいた。

「Lは○○大学に受かった」「××会社に就職したが、すぐにやめちゃったらしい」「彼の息子は学校に行かなくなって、グレちゃったそうだ」など会話は弾むという。またそれを語っている人たちはやはり嬉しそうな顔をしているらしい。私は都会育ちなので肌感覚で分かるということではないが、たしかに喫茶店での銀行員たちの会話とよく似ている。

自分の同期入社者や自分が過去に一緒に仕事をした人、また元上司など身近な人の話が中心だというのも共通している。ある意味一つの共同体だからそうなるのだろう。

この共同体の性格については、第4章で詳しく考えてみたい。

経営方針や組織と密接

マスコミなどの記事では、人事部が多くの裁量を持って異動を決めている前提で書かれていることが少なくない。また人事担当者の研究会などの集まりでは、背景にある組織や経営方針と切り離して人事制度や人事運用（人事異動を含む）の是非や優劣が論じられることがある。

私はたまたま人事部門と企画部門のどちらも経験したので、人事の運用が経営方針や組織と密接に関係することは日々感じていた。実際には、まず経営上の議論をして組織を固めたうえで人材の配置が始まる。

組織が出来上がっていなければ、人事異動は実施できない。なぜなら、組織のポストの中に社員を当てはめるのが人事異動だからである。また新入社員や若手社員の場合には、役職などのポストはなくても、要員数という組織ごとの人数を決めている会社が多い。

堺屋太一氏の『団塊の世代』の第一話「与機待果」は、1980年代の初め、ある電機会社が、米国で流行《はや》り始めたコンビニエンスストア・チェーンに、新規事業として取り組む話だ。経営トップが新規事業を立ち上げるという決断から始まり、社内のプロジェクトを作り、新たな組織の枠組みを決める。その組織に社員を当てはめるという人事異動を発令することから物語は展開していく。小説は人事異動に絡む社員の悲喜こもごもを見事に描いている。

社員はどうしても、自分の労働条件に関わることや同期や上司、部下などの身近な人に対する人事異動だけにフォーカスしがちになる。しかし重要なのは、経営、組織を含めた大きな流れである。それを知ることによって人事異動の本当の姿が見えてくる。

年度末の人事評価と定期異動のことを「人事の季節だ」と言う人もいるが、それに先行する経営方針や組織との関係も考慮に入れた見方が大切である。こういった人事異動を見る視野の狭さが、左遷や不本意な人事という受け止め方を呼び込んでいる面もある。

組織を毎年見直す会社であれば、12月くらいまでに組織の統廃合や変更を固めて、それから人事異動の準備に入る。３月に定期異動を発表し、４月１日から新年度体制が立ち上がるくらいのスケジュールになる。

各企業は、自らの経営ビジョンを描きながら、どのような組織を受け皿にして、どのような能力を持った社員をいかに配置するかの検討が避けられない。

それらを受けて、具体的な人事制度を作成して、評価のポイントを社員に示し、人を組織に配置していく。人事異動はこの一連の流れの中の一つとして存在する。また、将来を見据えながら新卒採用や中途採用を行い、研修で人材を育てていくのである。

もちろん、経営方針を確定して、組織を作り上げるプロセスは、会社によって大きく異なっている。たとえば、何よりも安全と時刻通りの定期運行を第一義とする電鉄会社が求める組織や人材と、ゲームのコンテンツを生み出す会社が必要とする組織や人材は全く異なる。

当然、仕事の評価基準も違ってくるだろうし、ラインマネージャーの役割も異なる。

そういう意味では、同期入社者や、かつての上司といった身近な人との共同体組織の視点からのみ見ていると、人事異動の本来の趣旨を間違って解することにもつながりかねない。

人事部の仕事

一般のビジネスパーソンが、会社の人事としてすぐに頭に思い浮かべるのは、人事評価（「どのように評価されるのか」）と人事異動（「どこで働くのか」）であろう。

もちろん人事部の仕事は、この二つだけではない。社員に関する幅広い仕事を受け持っている。ここでは人事異動の位置づけを確認するために人事部の業務を概観しておきたい。実際の人事部内の仕事に沿って整理すると左記の通りである。

①社員の人事異動、人事評価（考課）
②給与、退職金、労働時間などの労働条件の決定、労働組合との交渉
③人事制度の企画・立案
④勤務管理やシステムの開発・管理などを担当する総務関係

⑤ 新卒採用や中途採用、営業職、パート・スタッフ採用など
⑥ 社内研修の実施およびそれらの全体統括
⑦ 出向者管理、再就職の斡旋《あっせん》、定年後の雇用延長者の職務開発など

各仕事の重みや配置される人員の割合は、会社によって異なる。たとえば、労働集約的で、労働組合との関係が経営に大きな比重を占める場合には、②の労働条件の決定や労働組合との交渉が重視される。かつての高度経済成長時までの重厚長大のメーカーでは、労働組合対応が人事部のみならず経営の最重要課題の会社もあった。

昨今のIT企業に見られるように急成長する会社では、⑤の社員の採用や、⑥の彼らに対する研修および、②の柔軟で機動的な労働条件の設定などが重視されるだろう。

2013年4月から「改正高年齢者雇用安定法」が施行されて、大企業・中小企業を問わず、希望する従業員を65歳まで雇用しなければならない責任を負うことになった。このため、新たに⑦の雇用延長者の職務開発などに注力をしている会社も少なくない。

人事部の陣容や規模は、もちろん社員数の多寡に規定される。大企業では、この①〜⑦の機能をそれぞれのチームで分担して対応している。一方で社員数が少ない会社では、①から

⑦までの業務を人事部数人で担当しているケースもある。このほかに福利厚生や労働災害などの社会保険の仕事や会社の総務部的な役割を同時に担っている組織もある。

権限という点に目を移せば、人事評価や人事異動の権限を人事部が握っている場合もあれば、現場の本部長などが持っていて、人事部は全体の調整やとりまとめだけを行うケースもある。この場合の人事部は、社員に対するサービス機関の位置づけが中心となる。

①〜⑦を見ると、社員の働く条件に直接かつ個別に影響があるのは、①の社員の人事異動と人事評価（考課）である。給与、退職金、労働時間などは労働条件の中核で重要なものである。ただ社員全員に関わっていて、個々人ごとに対応しているわけではない。採用は、その時点ではまだ社員ではないし、社内研修も役職の登用試験を兼ねているような特別なケースでなければ直接自分の利害には関係しない。

このため社員の立場からすれば人事評価と人事異動がまず頭に浮かぶ。左遷や不本意な人事という受け止め方はこの業務との関連で生じている。

定期異動と非定期異動

人事評価と人事異動は、役職の登用などで重なる部分もあるが、一応分けることができる。

人事評価は、社員にとって重要な勤務評定である。ただ会社から本人に評価内容を伝達することで一応は完結する。社員自身のことなので自らは話題にしないことが多い。そのため外部からは評価の内容はうかがえない。

一方、人事異動は、辞令や社内報、役職者名簿などによって内容がオープンになる。働く部署がどこになるかということだけでなく、役職の昇格や降格も明らかになるので、他人も興味を持ちやすい。人事異動の理由を探っていけば、正しいかどうかは別として、人間関係のパズルを解く面白さも加わってくる。

個々の社員のメンツにも関わるうえに、転勤になると、働く環境や家族の生活基盤にも直接影響を与える。そのため、自分の異動も他人の異動も大きな関心事になるのだ。

これは社員の側から見た人事異動と人事評価の違いであるが、企業側から見ればその落差はもっと大きい。前述の通り、人事異動は、経営方針や組織のあり方と密接につながっている。経営の一環であり、マネジメントの重要な要素である。それに比べれば人事評価はやや間接的な位置づけになる。

それでは実際の人事異動の内容を見てみよう。

人事異動は、定期異動と非定期異動とに分かれる。

定期異動は、通常は新年度の4月1日などに一斉に行われる。先ほど述べた、仕事が手につかなくなるのはこの定期異動の発表の時である。働く場所や勤務環境、自分の上司が変わるかどうかなど、情報量が半端ではないくらいに大きい。日本の会社の場合は、同期入社者同士の横並び意識が強いので、彼らの処遇も大きな関心事である。同期との比較で自分の評価や立場を確認しているからだ。

管理職のポストや部課の要員（人数）はあらかじめ決まっている。そのため一人の異動が生じるとその後任をあてがわなければならず、次々と玉突きが生じる。昇格者や降格者も生まれる。出向、病欠、育児休業などで異動の対象から外れる社員もいる。さらに組織の統廃合などが絡むこともあり、複雑な連立方程式を解くような作業が求められる。そのため人事異動の担当者には、過去の人事に絡む経緯や知識が必要であるとともにバランス感覚が求められる。

一定規模以上の会社においては、定期異動は経営や組織のあり方を決める手法の一つである。

一方で、毎年の組織見直しやそれに伴う人事異動が恒例化すると、新年度になって体制が落ち着いた頃になると、すぐに次年度の検討が始まることになる。腰を落ち着けて仕事ができなくなる弊害もある。

もちろんすべての会社でこのような定期異動が行われているわけではない。一年の期間を待っていられないほど頻繁に組織改編や人事異動が求められる会社もあるし、仕事と人とのマッチングが強くて専門性を求めている会社であれば、あえて定期異動を実施する必要はない。

年度の途中で社員を異動させる必要が生じた時には、適宜、非定期異動を行う。社員の病気や事故、突然の退職、また育児休業や長期休暇の対応などで生じる。経営層からの急な要請を受けて個別課題を担当させるために異動を行ったり、兼務を発令したりすることもある。また出向辞令を出し、社外に人材を派遣することもある。

異動の担当者は、各社員の経歴、勤務評定の内容、得意分野などをすぐに取り出せるようにしておくことが求められる。

就業規則上の賞罰に関しても、スポーツで優秀な成績を収めたチームや個人を表彰することもあれば、業務上の不祥事に対して懲戒処分を行うこともある。この時には人事異動を伴うことが少なくない。

最近、人事運用上の大きな課題になっているメンタルヘルスの対応も、異動担当者が受け持つことがある。休職した場合に後任の手当てが必要になり、復帰の時にはどこの職場に配置するかを判断しなければならないからだ。

異動は多様な目的を持つ

人事異動は単純に空いているポストに社員を配置することだけではない。そこには諸々の目的が含まれている。そのため社員の受け止め方に幅が生まれ、不本意な人事や左遷だと判断する理由も生じる。

産労総合研究所と今野浩一郎《いまのこういちろう》研究室（学習院大学大学院経営学研究科）との共同調査「転勤と人事管理に関する調査」は、企業が転勤を実施する目的について重要視している点を調査している。目的とその重要視している割合は左記の通りである。

①業務ニーズに合わせて人材を機動的に配置すること（79・4％）
②能力や適性にあった配置を行うこと（52・5％）
③人材育成を進めること（51・3％）
④組織を活性化させること（48・1％）

⑤ 昇進とキャリアアップの機会を与えること（31・9％）
⑥ 育児・介護等の生活上の要望に応えること（12・5％）

人事異動の中心は、もちろん業務ニーズに合わせて機動的に人材を配置することである。しかしそれだけにとどまらない。個々の社員が得意とする分野で力量を発揮してもらうために適材適所を目指す（②）、異なる仕事を経験させることを通じて人材育成を図る（③）という目的もある。

日本企業の場合は長期雇用が前提になっているので、転勤、配置転換を繰り返しながら、社内のジョブトレーニングによって能力を高めるとともに人材の育成を図っている。同時に、働く人が変わることによって組織を活性化させるという狙いも持っている（④）。

人事異動は、会社にとっても社員にとっても活性化の仕掛けになっている。日本の企業では、どんな仕事をするのかという点のみならず、誰と一緒に仕事をするかという点が重要である。そのため人事異動の持つ効果は大きい。

会社側から見れば、組織の活性化であるが、個々の社員には働く環境を変えるという機能を担っている。代表例は、上司と部下のそれぞれの入れ替わりである。

どんなに努力しても、相性の合わない上司と一緒に仕事をするのは辛《つら》いものだ。その時、「このままずっと、気の合わない上司のもとで働かなければならない」と思うと、やる気も失せてしまいがちになる。しかし「上司は変わる」と思えば、少々のことなら我慢ができる。たとえば、3年ごとに転勤がある会社なら、平均して1年半すれば、違う上司との組み合わせになる。この心理的効果は大きい。

また、同じ部署が長くなると仕事に飽きてしまうこともある。職人肌の社員などは、同じ職場で長く働くのがいいのかもしれない。ただ、多くの社員はマンネリに陥りがちになる。たとえ上司と部下との関係がよくても、やはり潑剌《はつらつ》さは失われる。

ちなみに銀行などでは不祥事防止の観点から、一定期間以上同じ職場にとどまらせないというルールを定めていることもある。

昇進とキャリアアップの機会を与えること（⑤）や、育児・介護などの生活上の要望に応えること（⑥）などは個々の社員への配慮を通してモチベーションのアップを図ろうとしている。

昇進やキャリアアップのことを補足すれば、職場での評価が高まった社員を脚光の浴びる職場に異動させることもある。さらなる能力が発揮できる場を与え、同時に将来エラクなる人と出会える機会も提供する。このように人事異動が、職場で成果を上げたことに対する「ご褒美」となるケースがある。この逆のケースが左遷だと言っていいかもしれない。

不本意な配置転換が生じる理由

第1章でも述べたように、役員や上司が「左遷を行う」といった明確な意図を持った異動は多くはない。ただ、人事異動がこれだけいろいろな目的、機能を持ち合わせていることが、不本意な人事や左遷が行われたと社員が思い込む理由になっていると言える。

①〜⑥のような機能を人事異動が持っていることは、社員の側も言葉にはうまく表現できなくても概《おおむ》ね理解している。しかし、能力や適性にあった配置を行うこと、人材育成を進めることに関しては、会社側の意図と社員側の受け止め方がズレることは日常茶飯事である。

20頁の例に挙げたように、会社は本人の将来を考えて幅広い能力を身につけさせるために行った配置転換でも、専門性を高めるために自分のキャリアを継続したいと願っている社員には左遷と映る。

逆に、会社は職場の生き字引的な社員を育成したいと一定の期間同じ仕事を担当させるつもりでも、本人がその仕事は自分に合わないと思っていてギャップが生じているケースもある。また専門的な業務などでは、会社が適性があると判断していても、本人がそう思っていないケースは少なくない。

こういう業務内容と自分の希望とのギャップに加えて、相性が合わない上司がいると、さらに不本意な人事異動と受け止めることになる。

また会社側が、組織を活性化させようと思って実施した異動が、本人にとっては左遷と映る場面もある。たとえば、恒常的に残業が多くてムードも良くない職場を活性化させることは大変である。しかし放置していると何か問題が起こるかもしれない。その際の最も効果ある対応は、明るくて仕事のできる管理者や面倒見がよい優秀な社員を配置することである。

ただそういう社員は少数なので、今の職場から無理に引きはがして異動を行うといったことになりがちである。そうすると本人は自分のことを左遷だと思ってしまうことがある。会社としては後で積み上げの評価をするつもりでも、本人がすんなり理解することは難しい。

公務員組織でも、課題の大きな職場で働くと在任年数が長くなり、役職の空きポストとの関係から、同期から一年昇進が遅れる結果になることもあるという。もちろん後でキャッチアップするように本人にも説明するのであるが、スムーズに受け止められない場面もあるそうだ。

こういう時は、課題解決型の配置と位置づけて、そこで頑張れば次の異動の時には目立つ部署に転動させるというルールを持っている会社もある。

昇進とキャリアアップの機会を与えること（⑤）や、育児・介護などの生活上の要望に応えること（⑥）も、昨今は社員との間でギャップを生じやすい。

高度経済成長期のような全員が上位職を目指すという雰囲気は相当変化しており、上位職に昇進するよりも、自分の仕事上のキャリアを重視する考え方が強くなってきている。第5章において詳しく論じるが、自分のキャリアの継続を社内での昇進よりも優先している社員が増えている。そのため以前であれば昇進や栄転と言われた人事異動が、むしろ左遷と受け止められるような状況も生じている。

また⑥の育児・介護などの生活上の要望に応えることも、男女雇用機会均等法の実施以降、女性の活躍が進んでおり、同時に意識も多様化している。むしろ会社側がその変化に追いついていない。なかには男女雇用機会均等法の趣旨を十分理解していないのではないかと思われる古い体質の会社もある。

このように人事異動が諸々の目的、機能を持っていることから、社員との間にいろいろなミスマッチを抱えることにつながっている。

人事部と現場との関係

いくら人事部内に人事権があるといっても、実際には、各職場の運営を無視することはできない。というよりも、各職場の人事異動の考え方がまずあって、それをもとに人事部と調整しながら体制を決めていく。人事部員が実際に現場で仕事をするのではないからだ。人事部は、テレビドラマの途中で流れるCMのようなもので、全体の中でごく一部登場するにすぎない。

現場は異動の構想を作成するに先立って、社員から「今の職場に留任したい」または「来年度の希望する部署や業務」を書き込む自己申告表を提出させ、それに基づいて面談をセットする会社も多い。

人事異動においては、人事部員と職場のマネージャーとの連携が重要である。決して人事部がフリーハンドを持って異動を決めているわけではない。

マネージャー自身がきちんと部下を指導・育成したかを顧みず、「この部下は責任感がない、仕事ができない」と頭から訴えてきたり、「自分と合わない部下」をやたら転出させたがる人もいる。

自分の言うことを素直に聞いて懸命に働き、職場の実績を上げてくれる部下だけを大事にするマネージャーがいないわけではない。

職場に余裕がなくなっていることは理解できるが、現有のメンバーでやりくりすることと、円滑に職場を運営することとの矛盾にもっと悩むべきだ。そうでなければ、本来の職務ローテーションは軽視されて、部下や課員は必要以上に左遷や不本意な人事という受け止め方になる。

同時に「できる部下」を自らの職場に抱え込みたがるマネージャーも少なくない。本人の可能性の芽を摘むことにも配慮すべきである。

私は人事部員とマネージャーの両方の立場を経験したが、双方が人の課題に対して関心が薄いことが最も怖い。むしろ互いの主張が対立しているくらいの方が、良い結果をもたらす。両者の対立点を明確にする作業が、次の新たな一手を生み出すことがあるからだ。

部下のことを「責任感がない、仕事ができない」と主張するマネージャーは、その批判の矛先は自分にも向けられているのだと気づくことができるか、それが組織や部下に愛情を持っているかどうかのポイントである。

「俺は、君の昇進を目指して頑張ったんだが、どうしても人事部がＯＫを出さないんだよ」

と語る上司もいる。半分は本当かもしれないが、半分は課長の力が弱いか、言葉ほど一生懸命でないケースがある。

いずれにしても社員の人事異動を決めるのは、基本的には直接の上司なのである。

異動は強制力を持つ

41頁に紹介した『団塊の世代』の第二話は「三日間の叛乱《はんらん》」という題名である。

舞台は1980年代後半の中堅自動車会社。高度経済成長は過ぎ去り、80年代初めの不況期において、その自動車会社は巨額の借入金と遊休施設を抱える状況に陥った。そして銀行出身の役員が中心となって、東京にある工場跡地を売却しようと計画する。それに対して生え抜きの中間管理職たちは会社の発展のために跡地を有効利用すべきだと主張する。

中間管理職たちは、驚くような手立てても繰り出して売却阻止に力を尽くす。しかし結局は会社側からの切り崩しによって「叛乱」は3日間で終結する。その結果、中間管理職の中心人物の1人は退職して、あとの2人は別々の子会社に出向を命じられる。誰が見ても明確な左遷の事例であるといえよう。

ここで留意すべきは、人事異動の内容は強制力を持っているということだ。この小説のような典型的な左遷と言える場合のみならず、人事異動を基本は拒むことは許されない。

厚生労働省のモデル就業規則では、人事異動に関して次のような条文例が示されている。

（人事異動）
第8条　会社は、業務上必要がある場合に、労働者に対して就業する場所及び従事する業務の変更を命ずることがある。
2　会社は、業務上必要がある場合に、労働者を在籍のまま関係会社へ出向させることがある。
3　前2項の場合、労働者は正当な理由なくこれを拒むことはできない。

日本ではどの会社もほぼ例外なく、これに類する規定を盛り込んでいる。人事異動、配置転換、出向は会社の業務命令によって行われ、正当な理由なく拒むことはできず、実質的には強制力を持っている。

このように、日本の会社では不本意な人事だと思っていても従わざるを得ないという前提があるため、左遷という受け止め方につながっているとも考えられる。

海外ではどうだろうか。米国の生命保険会社が、管理職の適性があると思われる営業部門のマネージャーを日本法人のトップに据えようとする例を考えてみよう。

まず管理職の道を選択しないかと声をかける。日本での住まいや給与、帰国の際の交通費の会社負担などの条件を提示して、日本への転勤と管理職になるための同意を得ようとする。個別に交渉するのである。

このケースで、もし本人が家族のことなどを理由に日本に行くことを拒否したとしても、同じ営業部門のマネージャーとして以前と変わらずに働くことができる。一方で日本では、おそらく転勤を拒否した時点で今後の昇格は期待できないことになるだろう。就業規則だけでなく、実際の運用面でも強制力を持っている。

日本のある外資系企業の人事担当者に聞くと、転勤や配置転換は、人事運用の最もデリケートな案件であるという。本人の同意を得ない転勤辞令を出すと、トラブルになって訴えられる恐れがあるからだと説明してくれた。丸抱えの雇用保障がない反面、転勤にも個人の同意を前提としているのである。

日本の多くの会社では、不本意な人事であってもそのまま受け入れざるを得ない。そのことが左遷という受け止め方を強くしている。会社と個別に交渉できれば、相当変わるものになると思われる。

日本企業でも、先ほど述べた自己申告表の提出や、異動先の希望を聞く面談なども行って、できる限り社員の意向をくみ取ろうとしている。個々の社員のニーズも考慮して納得してもらうことが大切だからである。しかし最終的には会社が人事異動の権限を手放すことはない。

会社と社員の考え方のギャップを小さくするためにも、自己申告表に自分の意思を明確に書いたり、面談できちんと意思表示することを部下に勧奨しているマネージャーもいる。

ただ、今後も今まで通りの強い強制力を持ち続けることができるかどうかは、安定した雇用保障の有無にも関わってくるだろう。

第3章　転職か、じっと我慢か
——欧米には左遷はない

なぜ「転勤」が職制の区分に？

第2章では、左遷に絡む人事異動について、その目的や機能について考えてきた。日本の会社では、人事異動はもう一つの役割を担っている。

52頁に紹介した「転勤と人事管理に関する調査」では、全体の4割から5割の企業が「転居を伴う転勤」の有無を基準にして雇用契約の内容を区分している。調査では、前者を有転勤社員、後者を無転勤社員と呼んでいる。

有転勤社員と無転勤社員とでは、昇進にかかる年数や賃金決定方法にも格差があり、有転勤社員の方が、昇進も早く、年収においても高くなる設定・運用がなされている。

職種別では、事務職は無転勤社員が中心で、営業職や専門・技術職については、有転勤社員が中心になっている。無転勤社員は係長レベルを昇進限界としている会社が多く、なかには役職者に「昇進できない」という企業もある。

調査を実施した今野浩一郎氏（学習院大学大学院教授）は、「転居を伴う転勤」で区分する目的は人材の機動的な配置と、処遇に対する社員の納得性を実現するためであると指摘される。

一般的には、転居を伴う転勤の有無で、総合職と一般職といった職制区分を設けている。総合職は、企画や営業、管理業務などに従事する社員で、転居を伴う転勤もあり得る職制である。一方、一般職は、主に事務や定型的な仕事、営業のアシスタント的な業務を行う職制で、基本的には転居を伴う転勤はない。調査にもあるように、総合職の方が一般職に比べて、給与体系や昇進の可能性は高く設計されている。

職制区分までしていなくても、転勤がなく一つの工場に勤める現場の社員と、本社や支店、工場、海外事務所などへの転勤、配置転換を繰り返す社員とは、昇進のレベルや労働条件を実質的に区分している会社もある。

「転居を伴う転勤」が、会社内の職制の区分、ひいては昇進や給与の条件などにも大きく関わっている。

前章の日本法人への転勤を説得しようとした米国の保険会社は、「転居を伴う転勤」で職制を区分する取り扱いを採用するであろうか？　もし「転居を伴う転勤」を基準に労働条件に差異をつけるとすれば、社員の理解を得ることができるだろうか。

長く米国の保険会社でマネージャーを務めたことがある橋本氏（仮名）は、「転居を伴う転勤」といった形式的な区分では、社員は理解できず、「能力を発揮しているのに、なぜ転勤できないことを理由に評価されないのだ」と社員から訴えられた時には対応が難しいだろうという。優秀であることと、転居を伴う転勤ができることとの因果関係を立証することが求められるからだ。

米国法人の管理者がこの取り扱いを聞くと、わざわざ「転居を伴う転勤」なんて言わないで、能力のある人間とそうでない人間を選別して、優秀な社員にはマネジメント力を高める育成をすればいいだけじゃないかと判断するだろう。

男女雇用機会均等法に対する便法

この問題を検討するには、時計の針を戻す必要がある。

私が入社した三十数年前は、四年制大学卒の女性に対しては、就職の門戸が非常に狭かった。大手企業の女性の求人は実質上、短期大学卒、高校卒に限られていた。四大卒の女性は結婚してすぐに辞めてしまうからという理由がまことしやかに語られていた。当時は、「男性は職場で、女性は家庭で」という考え方が残っていたこともあって、女性には重要な仕事を任せられないという風潮があった。今から考えると、なんと古い考え方が支配していたのかと驚いてしまう。

大半の企業は、職制ではなく、男性、女性という基準で仕事内容を区分していた。総合職的な職務は男性に、一般職的な職務は女性にと暗黙のうちに決められていた。

1990年代前半には、男女雇用機会均等法の関係から、男性、女性という区分ではなくて、総合職、一般職という職制の区分に変更する会社が多くなってきた。総合職の採用が始まったのである。

そして97年の男女雇用機会均等法の改正で、採用・昇進等での男女の機会均等が、事業主の努力義務から差別的取り扱いの禁止に変更された（施行は99年）。

このような流れの中で、「転居を伴う転勤」を基準に職制を区分する会社が相次いだ。しかしなぜ「転居を伴う転勤」が基準だったのだろうか。

ちょうどその頃に、私は人事部での仕事に初めて取り組んだ。当時の総合職の採用面接に立ち会うと、女性の方が圧倒的に優秀だった。しかし同時に、社内でうまく仕事をこなしていくのは難しいと感じたことを覚えている。事実、当時採用になった女性総合職の多くは会社を去ることになった。受け入れる会社の姿勢が、従来の男性優位の考え方を引きずっていたからだ。

当時は、「転居を伴う転勤」で職制を区分するのは当然の前提で、特に疑問を抱く人はいなかった。それまでの男女間の格差を温存するためにこの便法を使ったのだろう。

企業内のマネジメントは、会社と個々の社員の相対の関係なので、一気に変えることはできない。そのために男性と女性との区分をそのまま延長するための方策として、この基準を使用したと思われる。都市銀行で人事部に在籍していた学生時代の友人は、この件について社内で議論をしたという。

ここで検討したかったのは、「転居を伴う転勤」を基準にしたことの是非ではなくて、なぜ日本の会社が「転居を伴う転勤」という基準を持ち出したのかということだ。端的に言えば、なぜ仕事上の能力で職制を区分できなかったのかということである。

これは、人と仕事との結びつきが欧米に比べて弱く、かつ能力で測るという物差しが十分でなかったからではないか。また「転居を伴う転勤」で区分したのは、転勤、配置転換が日本の雇用システムの中で重要な位置づけにあったからだろう。

本章では、主に米国との相違を吟味しながら、左遷が生じている日本の雇用システムを検討する材料にしたい。

仕事と人がマッチしていない

ある日本のメーカーが、米国のコンピューター会社との合弁会社を作って新規事業を始めることになった。

事業を開始する準備の段階では技術者などの人材の手当てがうまくいかず、執務するオフィスの環境条件を整えるのも遅れがちだった。しかし成果を挙げる期限が存在していたので、双方の会社の社員とも焦りの気持ちがあったそうだ。

その時に、日本法人の社員は、人員やシステム環境が揃《そろ》っていなくても、とにかく前に進めようということで、稼働できる社員で毎日遅くまで残業をしながら取り組み始めた。休日出勤もいとわず働いた。一方の米国側の社員は、専門性のある人材が揃わないと始められないとか、仕事の環境条件を整えることが先決だという姿勢で、本部との調整や人員の確保には注力するが定時退社する日が続いた。

そうなると、日本法人の社員は、「あいつら（米国法人の社員）は本当に働かない。何を考えているのだ」と批判し、一方の米国法人の社員は「彼らは、いつもだらだらと会社に残っていて能率が悪い」と互いに批判し合っていたという。感情的な対立が仕事にも影響を及ぼしかねない状況だったそうだ。

それを見ていた日本法人の責任者は、同じ日本人の社員が取り組んでも、働いている組織の違いによってこれだけ大きな差異が生じるのかと驚いた。

米国法人の個人主義的、合理主義的な姿勢と、日本法人の感情面を含めた一体型の組織運営スタイルとの相違、公私の区分の考え方の違い、そして何よりも人と仕事の結びつき方に関するギャップを感じたというのだ。

つまり米国法人の仕事スタイルでは、常に人と仕事がセットになっているのに対して、彼が長く働いてきた日本の会社では、人と人との結びつきが強く、公私の区分も曖昧《あいまい》になりがちだというのである。

その話を聞いて思い出したことがある。

私は若い頃、法人営業で外国銀行の東京支店を担当していた。

当時その会社では、夜の会食や休日のゴルフの接待は禁止されていた。なぜなのかという私の問いに対して、日本人の東京支店長は、「勤務時間以外に公私混同めいたことはやらないのが基本だ」と説明してくれた。

また日本の大学に留学して、そのまま日本の会社で働いている中国人の女性は、若手社員が上司と一緒に会社の経費で飲みに行くことに驚いたという。中国では、オーナーや部長以上の幹部は別だが、一般の社員が会社のお金で飲食することは考えられないという。日本では人と仕事の結びつきが弱いことが、公私の区分を曖昧にしている。

先ほどの日本人の責任者は、日本のやり方は、もう少し仕事と人との結びつきを強めなければ、海外では通用しないだろうという感想を語っていた。

日本の組織では、誰がどの仕事に向いているか、職務に必要な適性は何か、その仕事に求められている能力とは何かなどが看過されがちだ。

そして企業のミッションから導かれる「あるべき姿」を明確に共有しないで、とりあえず確保できた人数で仕事を回そうとする発想になる。それだけ人と人との結びつきが強い。職務領域や権限が不分明なこともあって、誰がリーダーになるかによって組織の性格が変わってしまうことはよくあることだ。

雇用契約の内容が異なる

民法において雇用契約は、「雇用は、当事者の一方が相手方に対して労働に従事することを約し、相手方がこれに対してその報酬を与えることを約することによって、その効力を生ずる。」（第６２３条）と定められている。

欧米では、ここで言う労働に従事する範囲や内容が明確に決められているのに対して、日本の企業においては、具体的にどういう内容の仕事に就くかが必ずしも明確ではなく漠然ととらえられている。

労働法政策が専門の濱口桂一郎《はまぐちけいいちろう》氏（労働政策研究・研修機構統括研究員）は、「（日本の）雇用契約の法的性格は、一種の地位設定契約あるいはメンバーシップ契約と考えることができます」と整理している（『新しい労働社会』）。入社時に仕事内容が書かれていない契約書を取り交わした人もいるかもしれない。

作家の伊井直行《いいなおゆき》氏は、会社員が主人公である数多くの小説に当たりながら『会社員とは何者か？――会社員小説をめぐって』を著した。

伊井氏はその中で「会社の正式メンバーになることは、日本においては契約以上の関係を結ぶことでもある」と述べて、会社員は、仕事中は会社と一体となったスーツを着た法人であり、家庭では一般の自然人に戻ると喝破している。ここでも個別の仕事と人とのマッチングは考慮されていない。

欧米では、個々の仕事が個人と結びついているので、そもそも定期異動自体が存在しない。欠員が出た時にその仕事に見合った人材を募集して補充すれば足りるからである。そのため左遷という概念は生まれにくい。

定期異動で多くの社員を一度に動かすというのは、一人一人の社員と個々の仕事との結びつきが弱いからである。また対象の社員が取り替え可能な人材であり、同等な能力があるということを一応の前提にしておかなければできない。

仕事に専門性を求めない

仕事と人との結びつきの違いは、専門性に対する考え方の違いにも表れてくる。

私は入社13年目に、法人営業の仕事から本社の人事部に異動する辞令を受けた。先ほど述べた外国銀行に離任の挨拶に訪れた時のことだ。

「思いも寄らない転勤で驚きました」と話すと、都市銀行出身の日本人支店長は、「人事部に転勤するのですか。栄転ですね、おめでとう」と祝ってくれた。しかし同席していたアジア担当の米国人役員は、「何かまずいことがあったのか」といった複雑な顔つきをしていた。

米国本社では、高いパフォーマンスを上げる営業の若手社員を人事部などの管理機構に異動させるということは考えられないからだそうだ。帰り際に支店長が、私にそうささやいた。専門性の異なる仕事への配置換えは例外的で、本人の同意を得ないとできないそうだ。

日本では、名刺交換の際に、「○○会社の楠木です」と会社名を前面に出して自己紹介するのが当たり前だ。しかし私が初めて出会った米国のビジネスパーソンは「ハロー、マイクです。私は経理（accountant）です」と自分の専門分野を最初に述べた。それがとても印象に残っている。

バブル期の大量入社組に対する処遇について、人事担当者に取材した時に、「理系や技術系の社員は、専門的に仕事に取り組むので、ポストや役職の比重が文系の社員よりも小さいのではないか」という私の問いかけに、ほとんどのメーカーの人事担当者は、「専門性で勝負しようと思っている社員はごく少数だ。管理職やチームリーダーなどのポストに就けないと意欲を失う社員が多いので頭を痛めている」と語っていた。

欧米の金融機関では、多くの社員は自分の担当範囲の仕事を深めるためにスペシャリストを目指す傾向が強い。そして組織運営やマネジメント業務を専門的に担当している社員をジェネラリスト（幅広い分野に通じた人）と呼んでいる。作家の村上春樹《むらかみはるき》氏は、アメリカで新聞の人生相談の記事をよく読んでいたそうだが、日本では文化人などが回答を担当しているが、アメリカでは専門のアドバイザーというか、人生相談専門で何十年もやっている人が答えていて、日米では全然違うことを指摘していた（『村上春樹、河合隼雄に会いにいく』）。〝専門性〟に対する考え方の違いは企業社会にとどまらないのだろう。

日本の場合は、表面的に見れば、全員がジェネラリストを目指しているようにも見える。しかしここで言うジェネラリストは、欧米のそれとはかなり違っている。

日本の多くの会社では、一緒に働く同僚とのつながりや、そこでのポジションの方により重点を置いている。そのためジェネラリストといっても、組織運営について全員が関心を持っているわけではない。

管理職も一つのポストだと考える傾向が強く、部下のモチベーションの向上に興味がなく、マネジメントの基本スキルも身につけていない社員がいる。

ある保険会社の役員が、欧米の金融機関のトップに「わが社では、多くの優秀な新卒の社員を採用しており、彼らが会社を支えています」と自社の説明をしたところ、そのトップは

「それはさぞ大変でしょう。わが社は、一部のメンバーが会社をひっぱり、その他のメンバーは自分の仕事に専門的に取り組みながら会社を支えてくれています」と応じて、両社の人材の活用の仕方、専門性に対する違いが鮮明になったという。

欧米のように専門性を求める土壌が強ければ、日本の企業のように人の配置をシャッフルする定期異動を行うことは困難である。またその必要もない。

部門間のマーケットは不成立

左遷の定義にある「それまでよりも低い役職や地位に落ちること」になった時にどう対応するかと考えれば、一つの手段は転職という方法がある。気持ちを切り替えて、新たな会社、新たな仕事を求めて仕切り直すというやり方だ。

日本では従来から転職市場が未成熟であると指摘されてきた。20年以上前に私が採用責任者だった頃、新卒の採用期間中に予定の採用人数に満たない時には、次年度の採用まで待たなければならなかった。しかし昨今では経験者採用ができるので無理する必要はなくなったと述べる採用担当者もいる。たしかに以前よりは転職市場は拡大してきている。しかしその規模はいまだ小さく、社員の側は、今まで培ってきた会社での実績やポジションも考慮するとなかなか動きづらいのが実態だ。

この背景には、賃金に世間相場があるかどうかという点が大きい。賃金制度に詳しい笹島芳雄《ささじまよしお》氏（明治学院大学経済学部教授）の『アメリカの賃金・評価システム』によると、アメリカの賃金管理には3つの原則があるとされる。

① 内的公正の原則：同一労働同一賃金を基本とする
② 外的公正の原則：世間相場の賃金を支給すべきである
③ 個人間公正の原則：同じ仕事で働きぶりが異なれば、賃金に差があってもよい

個々の説明は割愛するが、この3つの原則は、日本の雇用システムを考える際のいずれも重要なポイントである。ここでは外的公正の原則、つまり世間相場の賃金を支給すべきであるという原則について考えてみる。

欧米の新卒者の初任給は日本と同様で、各社とも似通った水準にあるが、出身大学や出身学部によって異なってくるのが一般的である。欧米ではそれだけ労働市場の需給状況を反映するメカニズムになっているという。日本では大学や学部別には初任給の水準を変えない。

中堅社員については、企業間の転職が活発であり、賃金の高い企業へ労働力が流れる傾向がある。どの会社も優秀な社員は長く社内にとどまってほしいと考えているので、社員の転職を防止するために他社の賃金動向に神経質になる。

米国法人で人事マネジメントに携わったビジネスパーソンに聞くと、賃金の世間相場を情報収集する方法としては、民間団体や政府統計を利用するなどいろいろなやり方がある。実際には数社の人事コンサルタント会社が提供している賃金調査や賃金情報を購入している会社が多いそうだ。

同業他社の給与や世間相場と自社の給与水準を比較参照しながら、ズレがないかを確認するために定期的に購入している。社員の採用時だけには限らない。

米国では給与に対する世間相場が出来上がっているので、企業の枠組みを越えて社員が転職することが容易である。企業側はその防止策として賃金水準を参照している。

日本では、同業の同格企業の間で賃金水準に対する情報交換を行っている企業も多い。しかし世間相場が存在していると言うにはほど遠い状況である。日本の企業は自社の賃金水準と他の企業の水準を比較するという意識は弱い、と笹島氏は指摘する。

米国のメーカーで人事マネジメントに携わった会社員は、アメリカでも日本でもメンタルヘルスの問題がよく取り上げられるが、比較的自由に転職ができる米国と会社にしがみつかざるを得ない日本の社員では、その深刻度にも相当違いがあるという。

日本の会社のように人材の供給源を社内だけで考えていると一定の限界がある。58頁の「人事部と現場との関係」の項で述べたように、優秀な社員はどの部署でも放したがらないし、他部署からいつでも来てほしいと求められる。逆に組織に合わないと判断された社員はすぐに転出させたがる。社内人材には人数的にも仕事の適性という面でも限界があるので、部門間のマーケットは成立しづらい。このような状況があるので定期異動があった時に、社員が左遷などの受け止め方になることにつながっている。

社員側から見れば、自分が参加できるマーケットは一つしか存在しない。そのため選択の余地がなく、左遷や不本意な異動があっても打つ手がない。

欧米では異動は給与に直結

今まで述べてきた業務と社員との結びつきの違いや、専門性の評価の相違、転職市場の有無などは、当然ながら日米の給与構造の差異にも密接に関わっている。

先ほどの笹島氏は、「わが国の賃金と欧米の賃金との違いでもっとも大きな差は、賃金と職務（job）との関係である。欧米では、個々人の賃金は、基本的に従事する職務に応じて決まる。職務の重要度や困難度に応じて賃金を支給するのである。（中略）わが国ではどうか。賃金と従事する職務との関係はかなり弱い。職務が変わっても賃金の変わらないのが普通であり、わが国では、賃金は職務ではなく、その人に応じて支払う傾向がみられる」と指摘している。昨今は、日本企業でも給与制度の見直しも相当進んでいるが、米国との格差はまだまだ大きいのが現実である。

ある外資系製薬会社の元人事本部長だった根岸氏（仮名）に人事評価のやり方を聞いてみた。やはり外資系企業は、自分の仕事の範囲や権限が明確なので日本企業の人事評価とはおのずと異なる。

根岸氏がかつて在籍した会社も、新卒採用の時期は日本の会社に合わせていた。しかし採用はあくまでも職種別であって、研究職、ＭＲ（営業担当）、工場勤務など仕事を明確にして公募している。

それぞれの職制の業務については、職務記述書（ジョブ・ディスクリプション）という職務内容を具体的に記載した文書によって明文化している。その役職なりポストに対して作成されるものであり、担当業務の範囲も明確に決められている。給与はそのポストに対して支給される。上位職では自分の裁量で使える交際費の額まで記載している会社もあるという。

この職務記述書に記載された業務内容に基づいて目標管理制度が運営される。これが人事評価の中心である。というよりも「それがすべてだ」と根岸氏は言う。役員から平社員までが職務記述書に基づいた目標管理によって評価されるというしくみである。

欧米では職務の細分化、専門分化が進み、職務の一つ一つを定義して、その価値に応じて賃金が設定されている。このため人事異動があれば給与に直結する。だから軽々に異動や配置転換はできない。

日本では、多くの場合、異動があってもストレートに賃金に影響を与えるということにはならない。昇格や降格があって初めて賃金は変動する。組織自体に暗黙の格付けがあって、賃金に影響のない横滑りの異動でも左遷というとらえ方が生じるのは日本の特徴と言っていいだろう。

合併に見る日米の違い

欧米と日本のマネジメントの違いが一番浮き彫りになるのは、両者の企業が合併した時だろう。ある企業の合併の例を見てみよう。

伝統的な日本企業を吸収合併した外資系企業の人事責任者に話を聞いたことがある。その外資系企業が合併直後に始めるのは、吸収された会社の社員に対して、必要な業務内容と水準を示すことだという。個々の社員との面接を通じて、業務内容をこなすことができると判断した社員をそれぞれの職場に配置していく。そしてフィットする業務を見つけられない社員を一つの部署に集めるそうだ。

実際にその部署に集められた社員は、合併前の会社で長く管理職をやってきた年配の社員が多かった。何か専門的にこなせる技能やスキルを持っていない人が中心である。

ここからが外資系の企業の特徴と思われる点だが、社内の各部門から、必ずしも自らの部署でやらなくてもよい仕事を集めてくる。高度な仕事から地下倉庫の整理まで各業務をリストアップする作業を行う。

そして作成した業務リストの一覧表を、オフィスに貼り出して社員に提示する。自分がやれると思った仕事に手を挙げた社員にはすぐに取り組んでもらうように手配する。そのプロセスを経ても担当できる業務が見つけられない社員は、リストラの対象になるとのことだった。

おそらく伝統的な日本企業であれば、現在の所属に仕事が見つからなければ、社員と仕事のマッチングを図るという発想が弱いので、与える仕事がなくても社内にそのまま抱え込んでしまう形になりがちだ。場合によっては「追い出し部屋」のような対応になるか、いきなり早期退職勧奨などの対応に至る企業もあるだろう。ここでも欧米系の外資系企業と伝統的な日本の企業とは相当異なっている。

以前、日本の外資系企業で退職勧告を受けた社員から相談を受けたことがある。その企業では、目標管理に基づく毎年の人事評価でA～Eのランクづけを行い、その評価が2年連続でEランクになると、自動的に上司から特別な指導を受けることになるという。過去に実績を上げていてもそれは勘案されない。

3か月ごとに上司との面談が組まれていて、業務改善プランというランクアップに向けた個別の指導やアドバイスが行われる。そして1年たっても改善が見込めない場合は退職を勧奨するというしくみだそうだ。

多くの日本の企業は、このような退職勧奨までの明確なプロセスを持っていない。一人一人の業務範囲や権限がはっきりしていないからである。そのため突然の解雇予告を行って社員ともめる例もある。

最近、ある政令指定都市で、新たに成立させた条例に従い、人事評価が2年連続で最低ランクとなり、研修などを受けさせたが、改善が見込めないと判断した2名の職員を「能力不足」として分限免職した事例がマスコミで報じられた。不祥事を起こした職員への懲戒免職とは異なり、このような分限免職は、日本ではニュースになるほど珍しい。

なお欧米の著名なコンサルタント会社では、アップ・オア・アウトと呼び、等級を上げるか、退社するかが基本で、停滞は許されないという考え方もあるそうだ。

このような取り扱いとの比較から考えると、十分な能力の発揮に至らなくなったケースでも、日本の会社であれば組織に残ることができる。そのため降格などになった際に左遷と受け止めることにつながっている。ある意味で恵まれた立場から生じていると言えなくもない。

もちろん日本にもいろいろな会社があり、米国でも同様である。家族三代にわたって同じ会社で働き、強い忠誠心を持っていて転職など考えられないという米国社員もいる。ただ全体の関係から言うとこのような違いが見られるということだ。

人事評価の相違点と共通点

支店次長時代の話だが、毎年、年度末に一般職の人事評価の時期が来た。次長職である私が全員の考課表を書くこともできたが、せっかくの機会だからということで、事務のチームリーダーが集まって人事評価の会議を持った。対象者40人の一般職員に対して、会議の出席者は、各班の女性リーダー5人と男性総合職2人、それに責任者の私という顔ぶれである。

彼女たちは、人事評価に立ち会うのは初めてだったので少しとまどっていたが、すぐに積極的に発言を始めた。このなかで感じたのは、やはりいろいろな見方があるということだ。

事務処理が正確で早いという事務能力を高く評価する人や、窓口や電話での顧客への対応力を重視する人もいれば、チーム員に対する貢献を優先するリーダーもいた。

会社が提示している目標管理の評価項目では、事務能力について細かい水準が盛り込まれていたので、個人の事務能力を中心に議論が展開されるかと想定していた。ところがチーム内における貢献を重視しているリーダーが比較的多かった。情報連携、スケジュール管理、後輩の育成などだ。

いろいろな角度の意見が出たが、それぞれ一般職員の評価を上位からグループ分けしてみると、各リーダーの判断にはほとんど差異はなかった。見方は異なっても全体の判断にはそれほど影響がなかったことが興味深かった。

このことを念頭に、81頁に登場した外資系製薬会社で人事本部長を務めた根岸氏に、ご自身が本部長に昇格した理由を尋ねたことがある。彼は「ヨーロッパにいる本社トップ数人と腹を割って話せる仲だったからだろう」と答えてくれた。彼よりも語学ができる社員はほかにもいたが、自分が最も彼らの懐に入ってコミュニケーションできたからだという。

根岸氏によると、欧米人のマネージャーが評価する社員と日本人のマネージャーが評価する社員の多くは一致すると語っていた。

「各部署での目標管理をベースにした人事評価と、役員が自分の部下として働いてほしい社員の評価との間に矛盾が生じることはないのですか？」と私が尋ねると、彼は、「その時には、目標管理の得点を加点したり、過去の評価に理屈づけを加えて相応のポストに就けるように調整することはあります」と答えてくれた。

「外資系の企業でも、下駄をはかせたり、筆をなめたりすることもあるのですね」と言うと、笑ってうなずいてくれた。いくら客観的な評価を標榜《ひょうぼう》していても、感情面、情実が入ることは、レベルは違っても古今東西共通しているのだろう。

根岸氏は、欧米の人事評価の特徴は、エビデンス（証拠）を求めることだという。多様な社員を抱え込んで企業運営を行っているので、評価した根拠を社員に対して言葉で説明できなければならない。上司と部下との人間関係が人事評価に入り込む余地は小さく、逆に実績数値によって短期的に評価が行われがちになる。そこは阿吽《あうん》の呼吸というか、以心伝心で共通の土壌を形成できる日本とは相当違う。

ただ根岸氏は、欧米企業のやり方ですべてうまくいくとは思っていない。欧米のビジネスパーソン自身も理屈のための理屈になっていることも理解している。ただ説明責任の有無やレベルが日本とは相当違うのだと述べている。

米国で人事のマネージャーを務めた先ほどの橋本氏も、「株式会社は誰のものか」という議論が展開された時も、米国人の経営者は、必ずしも株主が会社のすべてを所有しているとは考えていない。従業員のことも考慮には入れている。ただビジネスを展開するための割り切りを行っているのだと指摘する。たしかに米国の企業でもCSR（会社の社会的責任）を重視した会社も多く紹介されている。

このように考えてくると、欧米との違いは絶対的なものではないということにも留意が必要であろう。その背景にあるものをきちんと把握しておかなければならない。

降格はあっても左遷はない

研究社の『新和英中辞典』『新英和中辞典』によると、左遷の訳語として、「demotion」や「relegation」がある。文章の例文もたどって読んでみると、「demotion」は、降格、下に落とすこと、また「relegation」は、移管、除外のニュアンスがそれぞれ強く、日本の左遷という言葉の持つ曖昧な感じはうまく出てこない。

欧米では労働契約で仕事の内容が明確に定まっており、給与の水準もそれに応じて決まっている。会社側には配置転換や転勤を自由に行える権利はないので、日本で言う左遷という概念は生まれにくい。

左遷には、収入も職能資格も変わらないのに、重要度の低い組織や閑職に異動になることが含まれている、というかそのニュアンスが強い。第1章で紹介した森鷗外の例では、昇格もしているのに、東京から小倉への転任を左遷だと感じているのだ。

アメリカの例では、契約当事者が対等原則に立ったうえで、当事者の一方がいつでも契約関係の解消を伝えることができる前提にある。マネージャー層であれば、自分のボスの期待に応えることができず、実績も上げることができなければ、解雇されたり、ボスの権限範囲内で降格になることもあり得る。映画で「君はクビだ。今日中に荷物をまとめてオフィスから出て行ってくれ」と言い渡すシーンは荒唐無稽ではないのである。

日本の場合は、労働者は会社に比べると弱い立場にあるという現実的な状況をもとに、労働基準法をはじめとする各種労働関係法が存在している。解雇についても、判例で相当な理由や適性な手続きを要求しており、解雇の自由についても考え方の違いが見られる。

経済学者の岩井克人《いわいかつひと》氏（東京大学名誉教授）は、その著書『会社はこれからどうなるのか』の中で、日本における家族の構造が、江戸時代の商家にも、戦前の財閥グループにも、戦後の6大会社グループにも、影響を与えていることを述べている。「人間がなにか組織を作り上げようとするとき、人間はまったくの白紙の状態からデザインをするのではなく、意識するにせよしないにせよ、それぞれの文化に固有の『文法』とでもいうべきものにしたがうことになるのです。そして、そのような組織の形成にかかわる文法とは、それぞれの文化における家族の構造です」

私は時々、古典落語を聞くが、そこに登場する旦那や番頭、手代、丁稚《でっち》などが、現代の会社員から、そう離れた存在でないことにも気づく。現在の企業組織は、かつての商家の制度を継承している面もあるのだろう。

私は、日本企業の場合、家族構造をそのままというよりも、今まで慣習としてあった人と人との結びつき方や人と組織の関係を階層のある企業組織に持ち込んでいると考えている。

株式会社で言えば、投資家保護やコーポレート・ガバナンスの観点からは、厳密な規制やルールが定められているが、組織内の運用やマネジメントについてはフリーハンドの部分が大きい。その意味で、国ごとの人と人との関係や人と組織の関係が、直接、会社組織に反映することになる。

欧米の企業組織と日本のそれとを対比させることによって学べることは多い。ただ日本と欧米のやり方を二項対立的に分けて整理するだけでは意味がない。また日本型の運用を欧米にどう近づけるかという発想では、論理的には理解できたような気分にはなるが、得られるものはそれほど多くはない。根元が違っているので、そのまま引き写すことはできないからである。

むしろ日本の企業のしくみを、運用も含めてきめ細かく見るべきである。左遷を検討する際にもそのようなアプローチが必要である。次章では左遷を生み出すしくみについて考えていきたい。

第4章　誰が年功序列を決めているのか
――左遷を生み出すしくみ

終身雇用と年功制賃金は戦後から

左遷を生み出すしくみを企業組織の中で考えていくと、やはり終身雇用（長期安定雇用）、年功制賃金のことが頭に浮かぶ。ある程度安定した組織の中の出来事であるからだ。しかしもともと終身雇用や年功制賃金がずっと日本の雇用システムの中にあったわけではない。

森口千晶《もりぐちちあき》氏（一橋大学経済研究所教授）の論文「日本型人事管理モデルと高度成長」を読むと、戦前・戦中までは長期安定雇用や年功制賃金の内容は異なっていたことが分かる。

第一次世界大戦以前（～１９１４）には、臨時採用が多くて、企業による教育訓練は行われず、賃金も一般技能や出来高に基づいて支払われていた。重工業大企業を中心に職工に対する勤続奨励が模索された第一次世界大戦から戦間期（1914～38）には、少数の新規学卒者の定期採用が始まり、企業内訓練や内部昇進が開始されたが、不況期には大量解雇が行われるなど終身雇用というにはほど遠い状況であった。

国家による軍事統制の影響を受け、人事政策の標準化が進んだ戦中期（1938～45）には、戦時体制によって、定期採用、企業内訓練は進み、賃金に年齢給要素が加わり、転職と解雇は禁止されるなどの措置が取られた。ただそれらの措置が実際の企業や労働者の行動をどう変化させたかについて先行研究の議論は分かれると森口氏は指摘している。

その後、終戦から4か月後の1945年末に労働組合法が成立。翌46年には労働争議の予防、解決を目的とする労働関係調整法が成立。47年に勤務時間などの労働条件の基準を定めた労働基準法が制定された。こうしていわゆる労働三法が成立。GHQ（連合国軍総司令部）の民主化政策の一環であった。戦後の復興には勢いがあったので、国においても失業対策以外の施策はそれほど必要はなかった。

しかし第3章で述べた欧米との違い、たとえば、人と仕事とのつながり方の差異や、個人主義というよりも組織を重視する働き方の違いも相まって、高度成長とともに現れてきたのが企業内労働組合の発展であり、終身雇用や年功制賃金だった。

前述のアメリカの賃金支払いの3つの原則、すなわち内的公正の原則（同一労働同一賃金を基本とする）、外的公正の原則（世間相場の賃金を支給すべきである）、個人間公正の原則（同じ仕事で働きぶりが異なれば、賃金に差があってもよい）とは異なる対応を生んだ。長期雇用が前提になり、年齢とともに賃金も上がるしくみが主流になってきた。

高度経済成長は、様々な矛盾を抱え込んでいたが、加速する成長が雇用システムの欠点や課題をそれほど表面化させなかった。企業の急激な成長期には組織の矛盾が現れにくいことと共通している。

仁田道夫《にったみちお》氏（東京大学社会科学研究所教授）は『日本的雇用システム』の中で、「終身雇用慣行が成立したのは、だいたい1960年前後の時期だとしている。

この後、安定成長期に移行、多少の景気の浮き沈みはあったものの順調に経済は拡大して、80年代後半のバブル期を迎える。この頃には、日本的雇用慣行は日本経済成長の強みと称賛されるまでになった。

日本の企業組織は、社員の小集団のまとまりが強い。このため上層部が決めたことに対する組織内の意思統一が比較的容易であり、ことが起こった時には、まとまった迅速な行動がとりやすい。成長期の日本が目を見張る発展を遂げることができた理由の一つは、多くの社員を一丸となって動員できる特徴を遺憾なく発揮することができたからである。

この強みが弱みに転じるのは１９９０年代後半以降だ。北海道拓殖銀行、日本長期信用銀行、山一證券などの大手金融機関・証券会社の倒産が相次いで以降、単なる景気循環ではなく、バブル崩壊と誰もが考えるようになった。

そして終身雇用で中高年に高い給料を払い続けることができないとの危機感から成果主義が導入された。業績が悪化した企業は正社員のリストラに踏み込み、非正規労働者は増え続けて、正社員との待遇格差も拡大した。

バブル崩壊以降は、この高度成長にマッチした日本型の雇用システムは現実に合わなくなってきている。戦後70年を経て、重厚長大型の産業資本主義の時代が終了しつつあり、再び戦後の枠組みを根本から見直す時期に来ている。左遷も、漠然とした概念ではありながら、日本型の雇用システムやその制度疲労を見るための一つの指標になるものと思われる。

会社が家族や地域を代替

終身雇用や年功制賃金に加えて、日本の組織には共同体的な性格が強いことも特徴である。欧米のように転職市場が十分ではないので、その共同体は唯一のものであると社員に思い込まれやすい。これが左遷という概念を補強している。

７頁の定期異動のことを嬉しそうに語り合う銀行員同士の会話も、この共同体の存在を前提にしたものであろう。会社は唯一の共同体だと思っているので、社員は自分自身を会社の中に埋没させる傾向がある。その結果、同じ共同体の仲間のことが気になり、社内でのメンツ、体面、恥ずかしさといったものも大きな位置づけを占める。第５章で詳しく紹介するが、江坂彰《えさかあきら》氏の小説『冬の火花――ある管理職の左遷録』の中にも「日本の会社は一種の共同体のようなものであり」という認識や「（左遷になると）人ニハズカシイ。カッコワルイ。ソウオモウ自分ガモットハズカシイ」という述懐もある。

戦前からの時代の流れを加味すれば、家族や地域という共同体は次第に弱体化していった。そして会社が一部その共同体の役割を担った面も大きい。臨床心理学者で文化庁長官も務めた河合隼雄《かわいはやお》氏は、戦前の家族を基礎とした「イエ」制度は形を変えて会社の中に生き残ったと言う。社長を家長とした疑似家族であり、特に男性の場合には、高度成長期に家族のことよりも会社に忠誠を示すことが第一義になったと述べている（『父親の力　母親の力』）。

昭和初期に生まれた私の母親は、亡くなる直前まで、自分が子どもの頃に撮った大家族の写真を眺めては、「これは、いとこ、あれは、またいとこ。この人は近所の人」と指さしながら、懐かしそうに語っていた。還暦を越えた私自身の子どもの頃でも、いとことの遊びや近所付き合いなどは、今とは比較にならないくらい濃密なものだった。まだまだ家族や地域の共同体は生きていた。

山田洋次《やまだようじ》監督の映画「家族」は、高度成長期の1970年に、長崎を出て北海道で酪農の仕事に就くに至る、ある家族の話である。そこでは家族愛とともに、家族や地域の共同体がいかに解体されつつあるかを描いている。

特に男性社員にとっては、核家族化の進展や長時間労働などにより、会社がこの共同体の代替機能をより強く担っていたと思われる。

同質的な集団であるほど強固

この会社という共同体は、同質的な社員が集まったものであればあるほど強固なものになる。ヒアリングした銀行員が十数年前の思い出を語ってくれたことがある。

都市銀行の元行員である佐竹氏（仮名）は、支店長になって初めて部長・支店長会議に出席した時のことが強く印象に残っているという。この会議は、新年度に当たって頭取や副社長が経営の執行方針を幹部行員に連絡、徹底する場である。

会議の出席者はすべて紺のスーツを着た中高年男性で、大会議室に数百人が揃っているのに咳払《せきばら》い一つ聞こえない。頭取が登場するや一糸乱れずに起立して互礼を交わしてから話が始まる。学校を卒業してからずっと同じ銀行に勤めているメンバーばかりなので、全員が顔見知りだった。同期の横並び意識が強いので、誰が何年入社なのかもすべて分かる。実は私が生命保険会社で、支社長として初めて部長・支社長会議に出席した時も、ほぼ同様の状況だったことを思いだす。

佐竹氏は、銀行で部長や支店長などの幹部になるのは、同質的な人材ばかりであることに改めて気がついたという。彼の言葉で表現すると「大卒（ごくごく一部が高卒）、中高年男性（女性はいない）、総合職（転勤族）、プロパー（中途入社はいない）」である。

そういう仲間同士では、

「おまえの言いたいことはよく分かる」

「そうか、分かってくれるか」

「毎日一緒に仕事をしているから当たり前じゃないか。分かる、分かる」

こんな会話が心の中で成立すれば、同質的な者同士の感情的な一体感は成立する。

極端に言えば、「何を分かっているのか」は、当人同士でも、よく分からないのにつながりができる。そうすれば、たとえ論理的でない、また合理性のない決定にも従ってしまうような心情が生まれる。

ただし佐竹氏によると、昨今は女性登用が進んでいることや、高度な金融技術や企業再生の専門家、証券や保険に絡む専門人材を中途入社で採用しているので、会議の様相は相当違ってきていると語っている。

私はかつて、ある人事労務雑誌が行った企業調査の分析に携わったことがある。その時に各社の人事部員に「最も大変だったエピソード」を聞くと、リストラに関することが圧倒的に多かった。

「事業再編時。就業条件が下がる会社へ数百人規模の社員に転籍してもらう際、一人一人面接して厳しい選択を迫らなければならなかったこと」(建設会社)

「雇用調整。ともに頑張ってきた社員の転籍に対して気持ちの整理がつきにくかった」(水産・食品会社)

「退職勧奨の実施。ともに働いてきた上司、先輩に対して、通知したことが最も辛かった」(化学会社)

「人員整理の場面。それまで親しくしていた人に契約解除を言わなくてはならなかった」（電機会社）

長く同じ会社で働いてきた社員に退去を要求しながら、自分が残ることへの忸怩《じくじ》たる思いがそこに表れていた。会社側に立つ人事部員にとっても、会社は単なる機能的な組織にとどまらず、共同体的な性格が生きていることを痛感した。

組織としても、メガバンクの支店長の重要な仕事の一つは、行員が出向できる取引先の開拓であり、中央官庁の人事課長は、退官した官僚の第二の職場の確保・増大を担当している。会社、官庁を問わず、そこにはある程度類似したしくみが存在している。この共同体を捨象して考えると見間違うことが多い。

ただ共同体といっても、一種のフィクションであり、あくまでも会社の中にいる間のことである。組織をいったん離れると、「去る者は日々に疎し」で、会社との関係は急に薄れることも事実である。

伝統的企業の人事運用と左遷

ここでは左遷を生む会社のしくみについて検討してみたい。ただ日本の会社といっても実態はいろいろである。伝統的な会社と、外資系企業、ベンチャー企業から成長してきた会社、特色ある雇用システムを持つ企業（リクルート社など）は、それぞれその内容が相当異なる。

ここでは左遷を生み出す力が比較的強いと思われる日本の伝統的な企業の雇用システムを前提に検討することにしたい。一つのモデルを示したのが図1である。

日本型会社組織の特色の一つは、毎年毎年新卒の入社者を採用する慣行（新卒一括採用）と言える。

そして採用された社員は、毎年、同期として同じスタートラインにつく。ここから会社員の出世レースが始まる。入社してからの十数年は最も成長ができる時期である。会社も将来の戦力と期待して、惜しみなく人材教育や職場での育成に注力する。年次別の研修を毎年のように行う会社もある。

この背景には、入社年次の同じ社員を一つの集団として把握し、転勤や配置転換の繰り返しによって職務範囲を広げさせ、仕事能力の熟練度を高めていくという人事運用がある。同時に、各職場での評定を積み重ねて各社員の評価を確定していく。入社してからここまでは

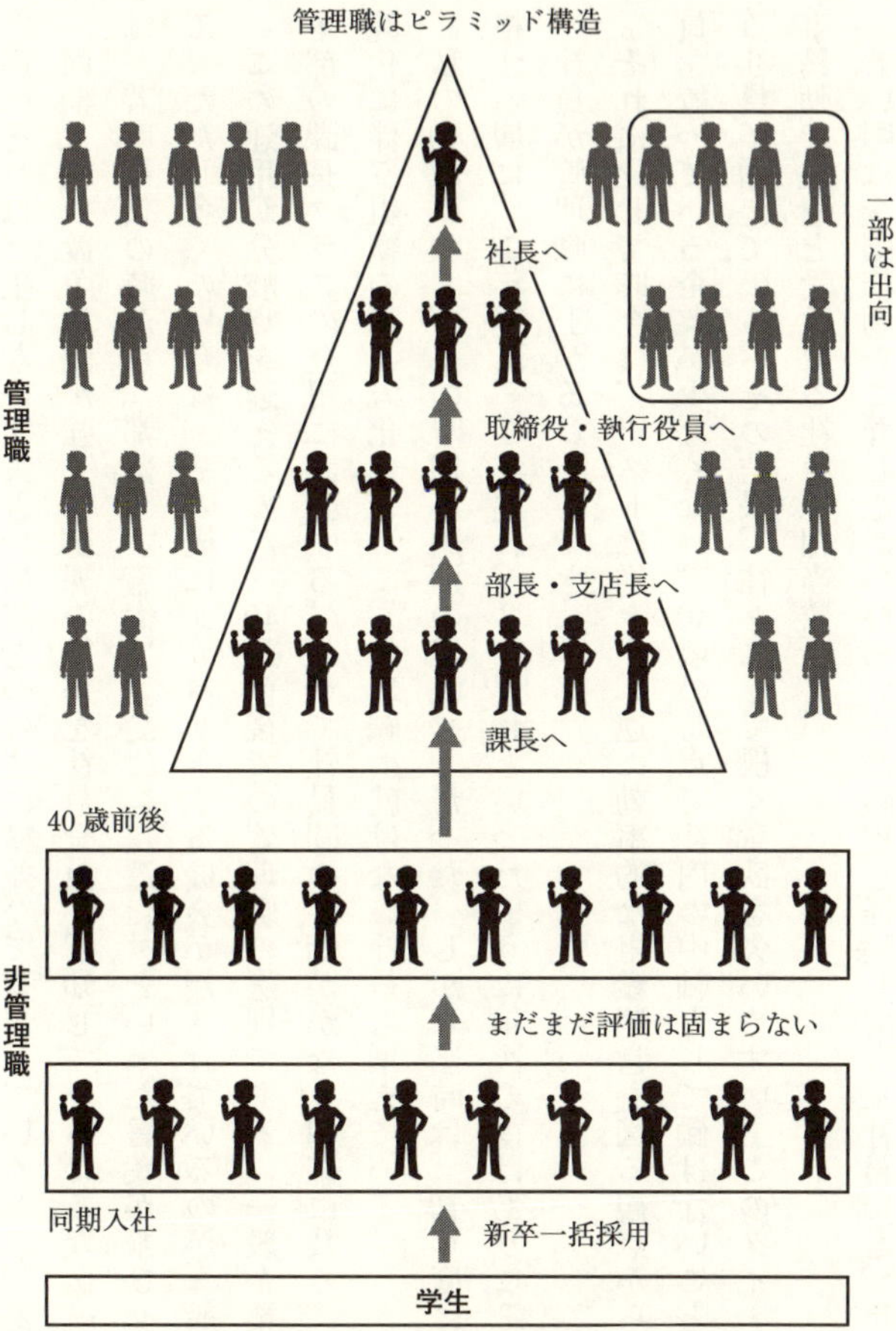

図1　伝統的な企業の雇用システム

左遷はそれほど生じない。大きな格差をつけずに横並びで運用していくからである。

同期入社の競争意識が強く、部課の格差を社員全員が認知しているような伝統的な会社では、若手社員の時から「都落ち」「飛ばされた」「左遷だ」といった言葉が飛び交うこともある。ただし多くの場合は、その後にリカバリーする機会が残されているのが一般である。

この運用が分岐点を迎えるのが、40歳前後での管理職の選別である。一般企業で言うと、本部の課長クラスの登用に該当する。ここで社員間の評価がかなり明確になる。昨今は成長鈍化に伴う組織のスリム化によって、管理職に就けない社員も増えている。

私の40歳の頃も、この時期が選別のポイントだった。しかし当時は、初年度に管理職に昇格する層に、1年遅れ、2年遅れ、3年遅れといったように年次の差はありこそすれ、多くの社員が管理職に上がることができた。

それに比して昨今は、ポストは増えず、逆に効率的な組織運営を図る観点から管理職の人員を絞っている企業が少なくない。40歳の時点で社内の中軸として働けないことが明確になる社員が増えている。その結果、往々にして働く意欲を失いやすい。このタイミングでの人事異動で左遷と受け取る社員は相当数いる。

若い頃は全国転勤をこなしながらいろいろな職場を経験してきた社員でも、年次が高くなると過去に経験した職場に配置されることが多くなる。一定の年数を経るにつれて、仕事能力の熟練にも目処がつき、評価も固まってくるからだ。その後は能力アップや昇格よりも安定的で効率的な組織運営のための配置に移行していく。もう役職も上がらないというあきらめの気持ちが左遷という形につながってくることもある。

またバブル期に大量入社した社員が現在40代半ばを迎えており、モチベーションの維持に苦労している人事部門は少なくない。女性登用も進み、先ほど述べた左遷を生み出す共同体が揺らいでいる。これらについては第5章で後述する。

管理職登用後も、支店長や本部の部長、役員などの更なる上位職への選別が進む。図1を見れば分かるように、この人事運用は全員が下から上に昇っていくことが前提になっている。次の世代が後ろから迫ってきているので、その場にとどまることはできない。組織はピラミッド構造になっているため、昇進を続けてポストを獲得できる社員の数は、役職が上がるにつれてますます減少する。組織の中軸から脱落する社員が増えていく。図1にも出向のことを記載しているが、ドラマ「半沢直樹」における出向はこの面を特に強調したものである。

もちろん役員まで進む社員はごく少数である。あるメガバンクの元行員の話では、約200人の同期のうち役員になったのは2人であるという。

このようにして新卒一括採用によって入社した社員が、会社のピラミッド構造の外に順次押し出されていく。40歳を過ぎた社員が会社生活に疑問を抱く一つの理由になっている。そのまま最後まで上位職に上がれないという意味では、ほぼ全員が何らかの左遷体験をすると言えなくもない。

社員の役割は動態的

一定の規模以上の組織では、現場―管理職―経営層という階層組織になっているのが一般である。『組織戦略の考え方』の中で沼上幹《ぬまがみつよし》氏（一橋大学大学院教授）は、組織のヒエラルキーについて、官僚組織の基本モデルという文脈で説明している（図2）。組織設計の初めの第一歩は、プログラムとヒエラルキーであるという。

組織を作るメリットが出てくるのは、各人が自分に割り振られた役割をきちんとこなせば、大量の複雑な仕事を驚くほど効率的に、しかも信頼性高く遂行できるところにある。そのためには、繰り返し出現する問題を解決する手順やルールであるプログラムがあらかじめ決められている必要がある。このプログラムを遂行するのが「現場」である。

しかし例外は必ず生じる。例外が発生する都度みんなで考え、相談するのでは効率が悪い。

そこで、現場で働いている人たちが直面した例外事象は、上司に報告されて、その判断によって処理される。その上司も迷うようなら、さらにその上のヒエラルキーにいる上司によって解決されるという役割になっている。その上部組織を「ミドル」と規定されている。そして経営に関する全体の意思決定を行うトップ（経営層）がある。

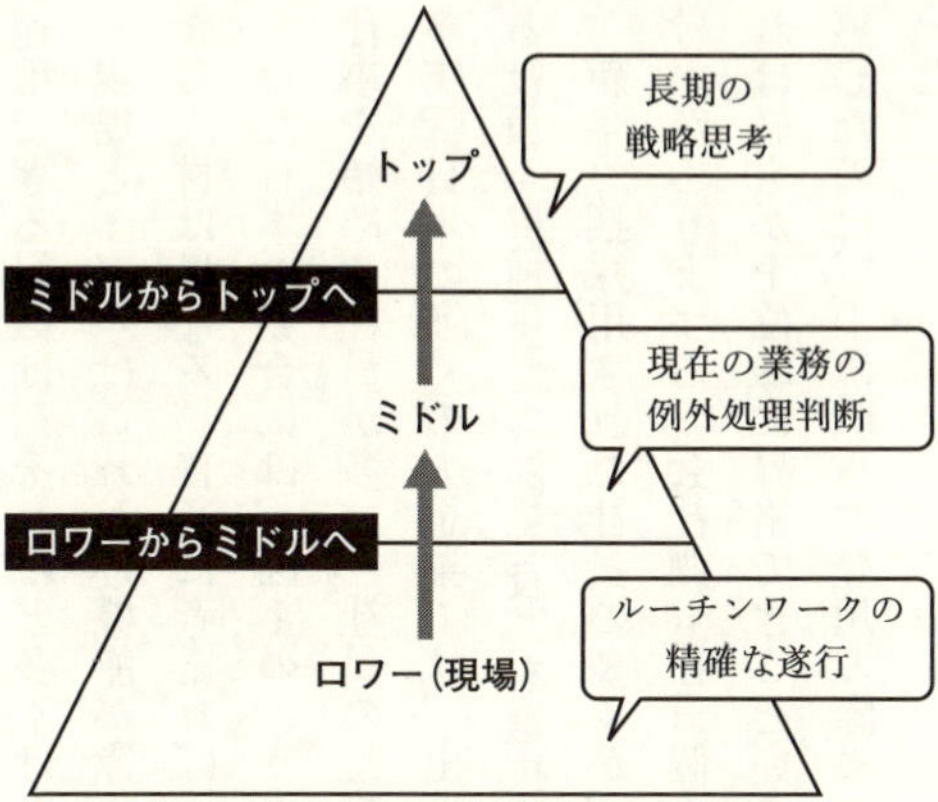

図2　組織のヒエラルキー　沼上幹著『組織戦略の考え方』（ちくま新書）より作成

沼上氏は、これが組織設計の基本中の基本であると主張している。図2を図1と対比させると、図1の非管理職と管理職との間に、この現場とミドルの線が引かれると考えていいだろう。

昨今ではIT（情報技術）が発展したので、これまでのピラミッド型の組織ヒエラルキーが崩れ、水平的なネットワークが中心になると主張する見解もある。しかし一定規模以上の組織であれば、階層構造をフラットにして運用できる組織は、それほど多くはない。特に伝統的な企業においてはそうである。

現場とミドルはこれだけ機能が違うので、現場で活躍する人材と、ミドルで力量を発揮できる人材は異なる。普通に考えれば、それぞれに適した人材を採用することになるだろう。

ただ日本の場合には、図1のように内部昇格が基本なので、現場を経験した後にミドルの仕事を始める社員が多い。社員の役職、役割が非常に動態的になっていることが特徴である。事実、日本の多くの大企業では、出世の階段を上がってきた社員の中から、会社の機関である役員（取締役および監査役）を選抜するしくみになっている。

新卒一括採用された社員の多くが、現場→管理職→トップといった階層を上位に向けて駆け上がろうとする。会社側も社員個人も、能力に対する平等意識が比較的強いため、努力すれば誰もが上位職に昇格できるという前提がそこにはある。私が人事部で仕事を始めた時に感じたのは、上位職への登用の際に、専門性やスキル面を意外と評価の対象にしないことだった。

ある外資系企業の人事担当役員は、この内部昇格を前提とする人事運用への刺激策として、MBA（経営学修士号）ホルダーをいきなりラインの課長職として採用したことがあったという。しかしうまくいかなかったそうだ。彼はこの一丸となって上位職を目指す力の強さを改めて感じたと語っていた。

内部昇格が前提で、組織がピラミッド構造になっている限り、いずれ各社員はポストを確保できなくなる。この一丸となって階段を駆け上がってくる社員に対する処遇として、管理職の選別、役職定年制度、出向制度などがある。また定年退職制度もこの上位職への流れを断ち切る一つの施策と言えなくもない。

全員が上位志向性を持っていれば、組織の中のどこかでピラミッドの枠外に出なければならない。そういう意味では、左遷と切り離して考えることはできない。

年次別の人事評価

ある金融機関で人事部長を経験した落合氏（仮名）に人事評価に関して取材した時のことである。一通り話を聞いて雑談になった時に、落合氏が初めて人事部に赴任して驚いたことがあると切り出した。

彼は主に支店や証券関係の部署を回った後、40代後半に初めて人事部に副部長として転任した。その時に、彼の部下である人事課長が、課長職の登用候補者の一覧表を見ながら、各人について適切なコメントをしている姿に驚いたという。人事課長は個々の社員の全員を知らないはずなのに、各社員の名前と経歴を並べた一覧表を眺めながら的確な評価を下していたというのだ。

私は入社十数年で初めて人事部に配属されたのだが、面白いことに私自身も彼とほぼ同様の経験をした覚えがあった。

私の場合は、入社年次と社内経歴を一覧に整理した資料を見ながら人事部長が、「M君は順調に仕事に取り組んできたなあ。N君はここで潮目が変わったのかなあ。P君は専門分野を持てないでいるのかな」と各人に対するコメントを述べていた。

その話を落合氏にすると、業界は違っても同じことをやっているのだと笑ってくれた。

それぞれの人事課長、人事部長は、入社年次、昇格の時期、どの職場で何年仕事をしているかが記載された資料だけで各社員に対する評価づけを行うことができた。入社年次をもとに、全社員をマス（集団）として一律に人事部が管理していたからだ。

入社年次ごとに、鏡餅のように集団を積み重ねていって、同じ年次の社員間で順番をつけたり、評価を上からグループ分けしていく。各年次のトップは、一年上のトップを追い越さないというルールがあれば、全員をマトリックス表の中に収めることができる。

また役職上は同列の課長や係長でも、属する組織やポスト自体が持っているパワーが違っている。人事部長や人事課長は、社内での各組織の位置づけや重要度もつかんでいる。どの職場を経験して、どのポストに就いているのかが、現在の評価基準になり、その後の昇格の可能性を示唆するのである。

「一選抜」とか「第一選抜」という言葉を聞いたことがある人も少なくないだろう。明確な定義はないが、新卒一括採用をとっている会社において、入社年次ごとに最も高く評価されたグループのことである。入社当時は横一線であるが、年次を経るにつれて評価が進み、同年入社の評価の分布も横長になっていく。

26頁で江上剛氏の小説『失格社員』から引用したように、銀行の若手行員の評価と配属先には関係があると書かれている。繰り返しになるが、高く評価されたグループは本部の企画部門や国際・証券分野、次順位のグループは国内審査・債権回収部門、それより劣る評価だと支店勤務になるというように、評価に応じて配属先も概ね決まる。レベルの差はあっても、評価と配属先の間に相関関係がある会社は少なくない。

なぜこのようなしくみになっているかと言えば、会社や人事部は個人の能力を一人一人直接把握しようとしていないからだ。個々人の個別の能力やスキルをきめ細かく見極めて、それを人事評価の基準にすれば、このように入社年次別に上位から一律に並べることはできない。

　このやり方では、社員個々の業務遂行内容に細かく立ち入るというよりも、全人格的な評価、好き嫌いの入り込みやすい相対的評価になりがちになる。もちろん会社組織の運営の仕方はまちまちであり、同年入社の社員を評価基準にしていない会社もあれば、実績中心の評価方式を採用している会社もある。

新卒一括採用はしくみの一部

　図1（103頁）は、まず学生から入社する際に新卒一括採用という採用方式をとっている。歴史人口学が専門の鬼頭宏《きとうひろし》氏（上智大学経済学部教授）は、「日本社会は、何歳のときには何をするという年齢意識が非常に強くて、18歳で一斉に大学に入り、22歳で就職する」と述べている（『朝日新聞』2014年8月19日）。このように就職する時期が揃っているということが、新卒一括採用を推し進める基盤になっている。またこの採用方式が日本の若者の失業率が欧米に比べて低い一つの要因であると指摘する労働経済学者もいる。

　ある商社の人事担当者が、イタリアのビジネスパーソンに、この採用方式を説明したところ「まだ働いてもいない学生をなぜ採用するのか。信じられない」という反応があったそうだ。どれくらいの業務能力があるかも分からない学生と雇用契約の約束（内定）を結ぶのは奇妙に思えるのだろう。日本では、能力やスキルにそれほど重きを置かない組織運営をしている会社が多いことが背景にある。

新卒一括採用は、学生のチャンスを一回限りとして敗者復活を認めないとか、学生の就職の機会が景気変動に左右されすぎるとか、長期間に及ぶ就職活動が学業を阻害しているなど批判も多い。こうした就活の弊害を避けるために、欧米のように補充採用中心に変更するという考え方もあるだろう。しかし依然として多くの会社が、新卒一括採用を手放していない。

これは、会社を運営していくのにそれなりのメリットがあるからだ。新卒一括採用を単なる採用方式だけの問題ととらえてはいけない。

ある大手メーカーの人事担当部長は、東京大学の秋入学の話が出た時に、新卒採用が春と秋に二つに分かれることは絶対受け入れられないと主張していた。全員を集めて行っている新入社員研修が二手に分かれてしまうからだ。

分割して研修が実施されると従来のような同期意識が醸成されない。強力な営業組織が当社の持ち味なのに、同期入社のつながりが弱くなると、競争意識や互いに助け合う気持ちが薄れ、業務の円滑な運営が困難になってしまうとまで言うのだ。これほどまでに、同期の役割を強調している人事担当者に出会ったことがなかった。

ややデフォルメして言えば、企業が社員全員に一体感を持たせる働き方を望んでいるから、新卒一括採用はなくならない。

新卒一括採用は、決まった業務しかやらない職種別採用よりは、はるかに柔軟性のある運営が可能になる。また一体感を持たせるマネジメントがやりやすい。そこでは長期安定的な雇用が前提になっている。新卒一括採用は、単に採用方式の問題ではなく、日本型の雇用システムの表れの一つなのである。

同質的な社員を一列に並べて競争させることが左遷を生み出す一つの要因にもなっている。

同期との比較が優先

私は、組織の人事評価や会社員の働き方について執筆などで発信している。そのためか、最近は、組織で働くビジネスパーソンから直接相談を受けたり、メールをもらったりすることがある。その際に、彼らが自分の評価を語る時には、必ず同期入社のメンバーとの比較を持ち出す。

「管理職（課長職）に昇格している同期が多いのに、自分だけが取り残された。初めに昇格した同期から4年遅れている」

「2年連続で管理職に登用されないことが決まったので、同期には後れをとり、1年後輩の社員にも抜かれてしまう」などといった具合だ。自分が評価されていた当時のことを語る際には、「同期ではトップ層を走っていたのだが」といった表現になる。一定規模以上の会社では、社員は同期の中の位置づけで、自分の評価を確認している。

そういう私も若い時は、同期との比較で自分の評価や左遷のことを考えていた。というよりも、それ以外の基準を持ち得なかったというのが正直なところである。

先ほど述べたように人事運用においても、同期入社を横並びにして順位づけやグループ分けによって評価している会社が少なくない。特に伝統的な組織はそうであろう。

そういう意味では同期入社は、評価する側にとって重要な基準になっているだけではなく、社員が自分の人事評価を確認する際の指標でもある。

定期異動が出た時に真っ先に見るのは、同期の誰それの異動先である。また課内の先輩との数万円の給与の差は気にならなくても、同期との100円の差は大きく感じられる。

このため同期入社は、左遷なのかどうかを測る尺度にもなっている。ほとんどの社員は、自らの技能やスキルのことではなく、同期との比較から左遷かどうかを把握しているのである。

高橋俊介《たかはししゅんすけ》氏（慶應義塾大学大学院特任教授）は、「（日本の会社で）中長期のモチベーションが機能したのは、『同期の平均よりも昇進が遅れるのは嫌』というサラリーマンが大勢いたからです」と同期とモチベーションの関係に言及している（「ダイヤモンド・オンライン」）。

就業規則や雇用契約の中には「同期入社」という言葉も概念もない。全くインフォーマル（非公式）な集団なのに、社員も会社もなぜこれほど同期入社を自らの評価や左遷かどうかの基準にしているのか。同時に他部課に同期がいるとスムーズに仕事を進めやすいというビジネスパーソンは多い。「なぜ同期となら円滑に仕事を進めることができるのか」と聞いてもうまく言葉で説明できる社員は少ない。

タテとヨコのつながり

教育社会学が専門の竹内洋《たけうちよう》氏（関西大学東京センター長、京都大学名誉教授）は、著書『選抜社会』の中の「〈同期の桜〉と日本的経営」という章で、会社組織の同期について本質的な議論を展開している。

この中で竹内氏は、「同期というのは、仲間意識と同時に競争意識を昂進させる二重の機能をもっていることが確認される」と書いている。

先輩・後輩というタテの関係と同期というヨコの関係は、別々に見るのではなく、セットになったものだという。したがって、同期意識が強い（弱い）企業は先輩・後輩意識も強く（弱い）、逆に、先輩・後輩意識が強い（弱い）企業は、同期意識も強い（弱い）はずだと述べている。

一方で、いかなる個人も共同体の中でしか安定を得られない存在である。歴史人口学の鬼頭宏氏が、18歳で一斉に大学に入り22歳で就職すると指摘する延長線上で、同期入社同士が組織の中でつながっている。同期はある意味で自然発生的に生まれるものだ。それは社員にはあまりにも身近なので理屈を超えている。だから、なぜ同期と自分の評価を比べるか、なぜ同期であれば円滑に仕事を進められることができるかを聞いても答えられないのである。高校生が同じクラスの中から友達をつくるのに理由はいらないのと同じであろう。

北島三郎《きたじまさぶろう》さんの大ヒット曲で、同じ題名の映画もヒットした「兄弟仁義」では、血を分けた兄弟の結びつきよりも友人関係の絆《きずな》の素晴らしさを歌い上げる。高倉健《たかくらけん》さん主演のヒット映画「昭和残俠伝《ざんきょうでん》」シリーズでも、池部良《いけべりょう》さんとの兄弟分の関係が毎回のテーマになっている。厳重な上下関係があると言われる任俠の世界で、人と人とのヨコのつながりが強調されている。軍隊での同期の桜、宝塚歌劇団の同期なども同様で、そこには会社の同期入社とある種共通する心情が流れている。

組織におけるタテの関係に対して同期入社のヨコのつながりを加えて、協調を高めるとともに競争意識を刺激して全員参加型の組織運営を目指している。

同時に同期は、社内における先輩・後輩との序列を明確化する役割も担っている。各年次の同期が鏡餅のように重なり合っているので、後輩が先輩を追い越すことはなかなか困難である。年功序列を成立させている理由の一つがここにある。

企業別の労働組合

日本では、企業ごとに常勤の従業員だけを組合員として組織する労働組合が多い。これに対して、欧米などでは、企業横断的に組織する産業別労働組合という形態が一般である。労働者の連帯、および労働条件の改善という観点からすれば、職種別や産業別の労働組合が馴染むと思われる。しかし日本の場合は、企業単位での労働組合が圧倒的に多い。

本社勤務も工場勤務も、技術職も事務職も営業職も、また管理職予備軍も万年ヒラ社員も、すべて同じ組合員として、統一した要求を提出して会社と交渉する。職種別の働き方や、要求されるスキルや能力の違いなどは、ここでも看過されがちである。同じ会社に属していることが、それらに優先している。

また日本の会社においては、労働組合の幹部経験者が、管理職や役員になって、翌日から組合要求を受ける立場になることも珍しくない。少し極端に言えば、労働者と使用者という区分よりも、会社のウチかソトかという区分が優先されている。

集団内では、必ずしも一定のスキルや能力を要求されない。その反面として集団の中で一体感を持って行動するためには、まずは集団外のメンバーと自分たちの区分を明確にさせる必要がある。特に安定した組織、労働条件が恵まれた組織ほどソトとの壁は高くなる。ソトとの区分が明確なほど組織内は一体感を持ちやすいからだ。

もう30年以上も前の話になるが、私の新入社員時代は、休日は結構忙しかった。会社や労働組合の行事が多かったからだ。ソフトボール大会、組合の一泊研修、クリスマス会などがあって、新入社員は半ば強制的に行事に参加させられていた。会社と労働組合の共催の行事も少なくなかった。

それは私が働いていた会社だけではなかった。そういう行事で、どのようにうまく幹事をこなすかは、当時の銀行や保険会社、大手メーカーに入社した友人との間では共通の話題であった。

社内の親睦会での飲食費を会社が一部経費補助してくれたこともあった。また就業時間中に行事の準備をしても、上司から特に何も言われなかった。むしろ早く手配をしろと督促を受けることすらあった。なぜ業務とは直接関係のないことにこれだけ労力やコストをかけるのだろうかと、商店街で育った私には不思議だった。

こうした行事が成立したのは、組織が社員の感情的な一体感を望み、多くの社員もそれに応えてつながりを持とうとしていたからだ。会社も労働組合も社員も前述の共同体性を高めようとしていたといえる。そこでは人と人との濃密な人間関係が生まれ、組織内の結束を促進していた。社内結婚が多かったこととも無関係ではないだろう。最近では再び社内の一体感を強めようと、運動会や社内旅行、寮制度を復活させている会社もある。

93頁で紹介した森口千晶氏によれば、戦後すぐには、製造業の大企業労働者は、工員と職員で別々の組合を組織していた。ところが労使交渉の過程で工職混合の「従業員組合」が成立したという。ブルーカラーとホワイトカラーの一元的な人事管理が日本企業の特徴だと森口氏は指摘している。こういう外の世界と峻別《しゅんべつ》したうえで会社を運営していくことが、企業内部のことに過剰にコミットする感情を生みやすい。それが左遷を生み出す土壌にもなっている。

出向は左遷か

本書の冒頭に紹介したドラマ「半沢直樹」を一緒に見ていた妻は「銀行員は出向になると、なぜ島流しのような受け止め方になるの？」と疑問に思ったそうだ。今まで述べてきた伝統的な会社のしくみを前提に銀行の出向について考えてみよう。

ドラマでは、出向は、即左遷という意味で使われていたが、メガバンクの複数の元行員に確認すると、出向になると相手先の会社に人件費の負担が生じるので、評価が落ちた人材ばかりを出向させることはできないという。一方で銀行内には左遷や降格になった場合の配置先はいくらでもあるとのことである。

ここでは彼らからの取材をもとに、銀行における出向について整理しておきたい。

まず親元の銀行に戻ることを前提にした在籍出向（いわゆる往復切符）と、再び銀行に戻ることなく出向先の会社に籍を移す転籍出向（こちらは片道切符）がある。

在籍出向は比較的若手社員が多く、転籍出向は、一般的には50歳前後が中心である。転籍出向でも初めは銀行に在籍したうえで出向して、一定期間を経て出向先の会社に籍を移す例が多いそうだ。

在籍出向は概ね4つ程度の種類に分けられる。左遷というよりも、人事異動の一環であり出向先での実績次第では、銀行内と同等以上の評価を受けることもある。

①関係会社の幹部として出向

銀行の関係会社の人材を補充するケース。関係会社の社長は銀行の元常務取締役以上で、現役の銀行役員にニラミがきく人物が多い。そのため関係会社で高評価を受ければ銀行に栄転で戻れるケースがある。ただし、あまり気に入られると、そのまま転籍となるケースや、いったん銀行に戻った後にまたその会社に転籍で呼び戻される例もある。

②特命事項担当出向

重要な取引先の上場準備や新規プロジェクトなどを支援するために銀行から出向する場合である。そこで活躍した場合は当該会社の社長から「このまま残ってほしい」と要請されることもある。役員として高給保証で迎えられるケースもあったそうだ。

③再建企業などへ出向させるケース

バブル期に多くあった形態。融資残高が多く破綻《はたん》すれば銀行にも影響が及ぶ企業の再建を支援するために出向させるケース。銀行と企業の橋渡し役を求められているとも言える。

④左遷型出向

前述の通り、銀行内には、誰が見ても左遷と分かるような部署はあるので、あえて左遷のためにわざわざ出向させる必要はない。しかしどうしても左遷型の出向が必要な場合がある。それは金融庁や日銀の検査で、問題行員と烙印《らくいん》を押されたケースなどである。外に向けて左遷をしたという処遇にしないと収まりがつかないのである。

この左遷型の出向はごく限られた範囲だと考えていいだろう。ドラマ「半沢直樹」では、業務出向の場合も左遷的に描かれていたが、必ずしもそうではない。

「追い出し部屋」と同じ役割？

若い時とは違って、40代後半以降になると、片道切符の転籍出向となって二度と銀行に戻ることはない。

『週刊ダイヤモンド』の特集記事「頼れる銀行　頼れない銀行」（２０１３年９月21日号）によると、銀行では50歳頃に同期トップが役員に就任すると、他の同期が銀行本体から出ていくことが業界の慣例になっている。大半の銀行員は40代後半から52歳頃までに取引先や銀行の子会社に片道切符で出向させられるという。

銀行員になった私の友人たちも、50代になると、子会社の総合研究所やリース会社の役員、取引先の建設会社の経理部長などになっている。50代半ばを越えて銀行本体に残っているのは、役員まで昇格した友人だけであった。

出向が左遷の意味合いを持つ一つの理由は、出向の位置づけや出向したのちの社員の待遇が変わってきたことと関係しているかもしれない。

1970年代半ばくらいまでは、上場企業や非上場の財務・管理担当役員で出向して多額の役員報酬を得ることも多く、部下に経理部長、財務部長、総務部長を従えるケースもあったという。

当時は銀行の力が強く、人材を受け入れる企業にとっては、銀行の支援をあてにする保険の意味合いもあった。「銀行から人を出している企業は潰さない」という暗黙の了解があった時代だそうだ。最近は、銀行と企業との力関係が変わったので、こうした保険の意味合いは薄れている。報酬に見合う働きを期待して人を受け入れるので、役に立たないことが明白になれば追い返されることもある。出向した会社での報酬も、過去に比べると相場が下がっている。メインバンク制の衰退と言ってもいいだろう。

出向は、図1の組織のピラミッド構造からあぶれた社員のポストを確保する役割を担っている。

そういう意味では、役職定年や早期退職勧奨、また定年と同じ性格を持っていると言える。極端に言えば「追い出し部屋」も同じような位置づけにあるかもしれない。

いずれにしても出向は、やる気や意欲はあっても自らの意思に反して銀行を離れざるを得ない。そのためドラマ「半沢直樹」では、この点を強調して、出向＝左遷の構図を作り上げて描いていたのだろう。実際にも左遷だと受け取る社員も少なくないそうだ。

バブル期当時と比べて、合併によって大手銀行の数は大きく減った。メガバンク各行は大勢のバブル入行組を抱える一方、彼らのポストは激減している。今のままでは、50代に差し掛かりつつあるこの世代の出向先が足りなくなるという懸念もある。

ポストが減っているという意味では、高度成長期に羽振りのよかった会社や伝統的な企業では、多かれ少なかれ同様の状況であろう。多くの会社の構造的な課題でもあるのだ。

中央官庁の人事運用

これらの日本企業の雇用システムに関する話を前提に、中央官庁の人事について考えてみたい。中央官庁の元人事課長に取材を行った。

霞《かすみ》が関《せき》のキャリア官僚は、国家公務員試験に合格して採用された幹部候補の公務員で、省庁の内外でキャリア組と呼ばれている。

彼らは本省の幹部候補であるが、課長になるのは40歳前後で、世間が想像するほどのスピード出世ではない。権限の大きさは別として、登用時期だけで言えば、大企業の課長職とそれほど変わらない。

人事面では、表面上は明確に差をつけずに、理事待遇である部長職くらいまでは横並びで昇格することが多い。部長職になるのは50歳過ぎで、課長までは大部屋の中で仕事をしているが、部長職以上になると大企業の役員室と同レベルの部屋が与えられている。

ただ昨今では、採用する人数が増えたこともあり、かつてよりは差をつける運用が行われている。さすがに本省の局長に昇進する職員は限られていて、たとえば、20人程度のうち3、4人だという。年齢は55歳前後になる。そして同年次のトップが事務次官になるのが基本である。

運用の特徴は、前後の年次も見ながら基本は同期を横並びに見て評価していくという方式である。ここでは入省年次が大きな役割を担っている。入省年次を縦軸に、同期入社のメンバーを横軸にすれば、マトリックスの枠組みの中に全員をはめ込むことができて、それぞれの職員のポジションを一目で確認できる。いろいろな職場を経験させて、上司や同僚の評判も聞きながら人事評価が進む。

上司や入省同期の職員、および彼の先輩や後輩の職員から話を聞いていると、おのずから評価は決まってくるという。「彼は大変良い仕事をしている」「彼は部局間の調整はあまり得意ではない」などの評判が次第に固まってくる。人事課長はそういう評判を背景に、面接などを通して個々の職員を把握しながら評価や異動を行う。本省の人事課長はキャリア官僚だけを対象とするので異動や評価を行う職員は少ない。そのためきめ細やかな運用ができる。

元人事課長も述べているように、年次を基本にした人事運用は、伝統的な大企業と似ている。人事評価、人事異動の基本はそれほど変わらない。ただ1990年代後半以降の民間企業における制度疲労のような感じは受けない。もともとのキャリア官僚の人数が少ないので、役職やポストのアンバランスが生じていないからだろう。高度成長の終焉《しゅうえん》による影響も小さく、バブル期入社のような採用数の大きな波もないので、比較的安定した運用が行われている。

中央官庁の人事で年次が徹底していると思えるのは、人事課長は自分よりも下の年次の職員しか評価や異動の対象としないという点だ。人事課の課長補佐もやはり自分よりも下の年次の職員しか見ない。民間企業では年下の上司が珍しくないことを考えると、キャリア官僚の中では年功序列が徹底されていると言えよう。

キャリア官僚における左遷

ドラマ「半沢直樹」の最後のシーンで、半沢に2階級特進の部長への栄転辞令を出すことは可能かと元人事課長に聞いてみた。伝統的な企業の人事担当者と同じでそれはできないという。年次別の運用をしている基本部分が崩れるからだ。ある年次のトップは1年上のトップを抜かないという不文律もある。

そして左遷という受け止め方は、人事異動があれば当然のように職員の間では生じる感情だという。

人事院のホームページによれば、国家公務員の給与は、仕事の種類（行政職、公安職、医療職など）に応じた17の俸給表があり、職務の困難さや責任の度合い（係員、係長、課長など）に応じて職務の等級が定められている。それに応じて給与は支払われることになっているので職務の等級が変わらなければ給与には直接響かない。しかしそれでも左遷という受け止め方が生じる。

一つの省庁のキャリア官僚の人数を仮に各年20人とすれば、課長補佐との年次の差を７、８年としても、全体で１５０人程度の職員を人事課長が見ることになる。この人数であれば、各職員は互いに人となりが分かる。事実、元人事課長もほぼ全員が把握可能だという。

そういうなかでの人事異動になるので、辞令を受ける職員が左遷と受け取るかどうかは、辞令を出す側も分かるのだろう。大企業の人事課長では、対象とする社員数は、はるかに多く、顔すら思い浮かばない社員が大勢いるのとは異なる。

そういう意味では、中央官庁におけるキャリア官僚同士の共同体は強固で、職員の一体感は非常に強いと言えよう。なお不祥事に基づいて人事異動を発令する場合は、「処分」として、ここで言う左遷とは区別しているという。

また組織自体の序列は強く意識されている。たとえば、本省↓地方組織↓特殊法人などの組織上の序列意識は高い。また課題に応じて毎年異なるものの、極端に言えば、組織全体に1番から最後まで順番をつけることも不可能ではないという。同様にポストについても同じ本庁の役職であっても微妙なニュアンスで優劣が存在する。

民間の企業でも組織やポストの序列はあるが、ここまで明確ではない。そのことが、たとえ給与は変わらない、ポストが横滑りであっても左遷という受け止め方を強めることにつながっているのだろう。

元人事課長に、組織やポストに序列があるとしても、職員個人はなぜ左遷と受け取るのかを聞いてみると、「ほとんどの職員が、自分は組織の中軸で活躍すべき人材だと思っているからだ」という。まさに「自分のことは3割高く評価」原則がここでも生きている。キャリア官僚の場合は、公務員試験に合格した数少ない入省者であることが、左遷という気持ちを抱くことをさらに後押ししている。

親方になるための条件

伝統的な企業やキャリア官僚における左遷を生み出すしくみを見てきた。

そこには、年功序列的な人事運用と長期安定雇用が背景にある。年功序列や安定雇用は企業によって相当幅がある。中高年社員に既得権が残っている会社もあれば、全くそういう権利がない会社もあるだろう。年功序列や長期の安定雇用は、重厚長大型の企業で積極的に採用され、高度成長期に最もフィットしたやり方だった。

ここでは大相撲《おおずもう》の親方を一つのたとえとして年功制について考えてみたい。

現役を引退した力士が協会に残るためには、原則として年寄《としより》（親方）になる必要がある。

年寄になる条件は、日本相撲協会の規定で定められていて、「横綱・大関」「三役を一場所以上」「幕内を通算二〇場所以上」「幕内・十枚目（関取）を通算三〇場所以上」などである（金指基《かなざしもとい》著、日本相撲協会監修『相撲大事典』）。

力士としての役の高さ（序列）と務めた場所の長さ（在籍した長さ）によって決められている。横綱・大関であれば無条件で、三役なら１場所以上、幕内ならば通算20場所などといった具合だ。

つまり現在の働きではなくて、過去の実績によって判断される。よく見ると、多くの会社が採用しているポイント制退職金の算定とほぼ同じである。「役職に与えられたポイント×在任年数（その役職に勤務した年数）」の総和に、単価を掛けたもので退職金を算出しているからである。

日本の会社の評価は、多かれ少なかれ、このような序列の高さと勤務する長さによって評価するしくみを持っている。特に伝統的な大企業の職場はそうであろう。

日本の組織では、力量があっても新人はまずは一番下に位置づけられるのも、この基準のためである。また経営トップの若返りが主張されてもなかなか実現しない。それはこのような評価基準によって年配者が高いポジションに居座ることができるからである。

大相撲とサッカーを比べると、その評価基準は相当違っている。

Jリーグの機構に残って仕事をする条件は、日本相撲協会のように過去の実績ではなく、現在のJリーグの運用にどれだけ役に立つかで決められるだろう。いわば時価評価的なのである。世界標準と言い換えてもいいかもしれない。

ただ、世界標準だから無条件に良いとは、もちろん言えない。長い時間の中で作り上げてきた組織内の評価基準は、それなりの理由を持っているから残っていると見るべきだろう。組織の中での過去の貢献を評価することによって、ある種の安心感を生んだり、全員参加型の組織運営を可能にする源泉になっている面もあろう。

芸能の世界も年功序列

2014年10月の「経済の好循環実現に向けた政労使会議」で、安倍晋三首相は「経済の好循環を拡大するには、賃金の水準と体系の両方の議論が必要になる」と述べ、年功制賃金を見直して全体の賃上げを実現するよう訴えた。

多くの企業では年功制賃金から役職や成果にリンクした賃金制度に移行してきた。しかしそれでも、日本全体で見ると年功型の賃金体系は依然残る。

たしかに、現在の企業組織の諸々のしくみは制度疲労を起こしている。そのためどのような賃金制度が望ましいのかを議論することは十分に意味がある。

ただここで留意しておくべきことは、年功制賃金は、政治的に決めているわけでもなく、労働関係法によって定められているものでもないということだ。労使間で慣行として積み上げられてきたのが現行の年功制の賃金である。人と人との結びつき方を図2の階層組織に当てはめた時に据わりがよかった賃金制度だと言ってもいいだろう。もちろんその判断には、当時の経済情勢も影響を与えている。

年功序列制というのは、勤続年数に応じて、役職や賃金が設定される制度と言えるが、日本では、入社してからの年数というものが大きくものを言う。勤務年数がメンバー内の位置づけや発言権、権力の一つのメルクマール（指標）になっている。落語家の世界、宝塚歌劇団のような芸能の世界でも、1日でも早く入門、入団すれば先輩なのである。

数多くの会社の中に、このルールが共通して存在する。そのため一定期間勤めた会社から転職する場合には、たとえ同じ給与を確保したとしても、決して有利にならない。新たな会社では新人の位置づけになることもあるからだ。日本においては転職市場の未成熟がよく指摘されるが、その背景にはこのような実際的な理由もあったのである。

年功序列のあり方を決めるのは、政府でも法律でもなく、企業経営者とそこで働く社員との関係である。

こうして考えてくると、年功制賃金だけを取り出してそれを解決すれば何とかなるといった単純な課題ではないことが分かる。年功制賃金は、雇用制度など日本型の雇用システムと深く結びついているからだ。

次章では、具体的な左遷の事例研究を通して、この左遷を生み出す会社のしくみについて引き続き考えていきたい。

第5章　出世よりも自分なりのキャリア
——消える左遷、残る左遷

ある管理職の左遷録

第1章で取り上げた左遷という言葉の用例では、自らのキャリアヒストリーで語られるか、ある物語の一つのスパイスとして使用される場合が多かった。小説や映画で左遷をテーマにしたものも同様で、左遷自体を考察したり、左遷に直面した心理について内面から取り扱ったものは少ない。

その意味では、経済評論家の江坂彰氏の『冬の火花——ある管理職の左遷録』は異彩を放つ私小説的作品だ。左遷された自らの体験に正面から向き合いながら、日記形式でまとめている。個人的な感情だけではなく、組織で働くビジネスパーソンの心情や会社との関係につ

図3　江坂彰『冬の火花』（1983年）

いても深い洞察がうかがえる。ストーリーとして左遷を取り上げた小説や映画は少なくないが、この作品ほど左遷に遭遇した個人の内面に迫ったものはないと考えている。

同書の「はじめに」には、「近時自分の身に思いがけない変化がおこり、左遷という憂き目に会った。（中略）会社と自分の関係を一皮剝いて直視し、これまで曖昧にしておいた影の部分や空白のところを、この際ハッキリさせてみようと思った」とある。

ノンフィクションは、他人様の話か、あるいは自分のためにする告白、告発のたぐいが多く、フィクションは事実の重みに欠けている。そこで左遷になった管理職の心に去来するものを自ら書いてみる気になった。そう江坂氏は言うのである。

江坂氏は、大手広告代理店「東急エージェンシー」の管理職だった当時のことをもとに書いていている。大阪支社長として活躍していた45歳の主人公が、社長交代を契機に大阪から博多《はかた》に左遷されたという内容だ。

私は10年間会社に在籍しながら執筆に取り組んできた。その経験から言うと、たとえ一部フィクションの体裁を整えていても、また会社の受け止め方がどうであろうとも、これだけ踏み込んで書けば、会社にそのままとどまることはできないと推測される。

事実、出版の翌年に江坂氏は独立。その後、ビジネスに関する多数の作品を著している。

同書は個人の体験を主体に書かれたものなので、他のビジネスパーソンに汎用性があるかどうかについては十分留意しなければならない。また30年前の作品なので、昨今の企業社会の変化についても考慮に入れる必要がある。そのうえで、左遷の事例研究として取り上げてみたい。

悲哀は人間関係から

『冬の火花』の主人公は4年にわたり大阪支社で支社長を務めていた。ところが10月末の取締役会で突然社長が交代する。日頃何かと目をかけてくれていた社長が相談役に退き、代わって副社長が代表取締役社長に就任した。これまでも社長と副社長の間で意見の対立があったことから、社内は人事の噂話でもちきりになる。

こうした混沌《こんとん》の中で、主人公は真面目に業績を上げている限り、新社長は目をつぶってくれているはずだと思いながらも、一方では大変なことになったという気持ちもあった。

まもなく新体制が発表になると予想された。「左遷」「単身赴任」の二つの言葉が主人公の肩に重くのしかかる。他人の思惑と都合で自分の人生が左右されることが悔しいと思うが、自分ではどうにもできない。

繰り返しやってくる不安な気持ちに終止符を打つために、主人公は大阪支社で取り組んできた仕事を振り返り、自分の功績を日記に書きつけていく。

業界誌の記者も指摘してくれる通り、支社の営業基盤を建て直して業績を上げた、4年間で2倍半売上げが進展して、本社の伸びを大幅に上回っていることを再確認する。

ところが書き上げてみると、売上げ実績は、会社においてはフィクションであり、管理者評価の指標の一つにすぎないのではないかと自らに疑問を投げかける。

一挙に業績を上げずに、目立たず少しずつ向上させ、直属の上司や同僚の評判も良くして、身内の部下をたくさん持って社内の足場を築くことが大事ではないかと思い至る。そして自分には、その足場になるものが何もないことに気づく。

以上の『冬の火花』の記述を受けて、私が思い出したことがある。有能な保険営業の支社長が、営業成績でトップに立たず、無理をせずに常に上位25％に入りながら、役員などの上位職との関係をうまくやっていくのが一番賢いやり方だと語っていたことだ。主人公の気づきと共通している。

この主人公の不安の理由は二つある。一つは自分の身の振り方を自分で決めることができず、他人の思惑によって自分の未来が左右されることである。

もう一つは、社内の評価は、実績の向上や利益に貢献したことで必ずしも決まらないということだ。江坂氏は「はじめに」の中で、「日本の会社は一種の共同体のようなものであり、論理よりもむしろ情緒ですべてが動いている」と書いている。是非はともかく、数字上の実績だけで評価を決めれば、もっとすっきりした受け止め方になるに違いない。

そしてこの両者に横たわるのが、主人公が語るように「むずかしいのは、あくまで人間関係である。仕事の内容や質ではない」ということなのだ。

作家の城山三郎氏が、「サラリーマンになることは、『人間関係についてえり好みができぬこと』を承認し、そうした人間関係に耐えることを約束することだ、と思う」（『人生の流儀』）と書いていることとも符合している。

組織で働くビジネスパーソンの感じる悲哀は、つまるところ人間関係から生まれている。

しかも日本の企業の場合は、公私の区分が明確でないので、会社の仕事と私生活が区分できず、左遷されたという感情が主人公の頭から離れない。同じ感情が何度も繰り返し現れるのである。

被害者意識と強者の立場

再び『冬の火花』の記述に戻る。

12月15日に、主人公は「福岡支社長を命ず」という異動内示を受ける。担当の常務から「今度福岡を営業所から支社に昇格させ、君にやってもらうことになった」との伝達を受けた。主人公は、大阪支社長まで務めたのに、その一出先機関の長になるという内容に一瞬混乱してとまどう。しかし黙して語らずの姿勢を貫くことを決意する。

別の常務からは、「社長も、君の能力を買っている。(中略)ぼくは特別に、社長から君のことをよろしくたのむといわれたんだ」と話しかけられて、社長は自分の能力と実績を正当に評価してくれていると思う反面、自分を切り捨てたということは、認めるところよりも憎しみの方が大きいはずだと思い直したりしている。

この主人公の左遷に揺れる気持ちには、やはり自らコントロールできない人間関係が絡んでいる。堂々巡りは左遷に直面した心情の本質だと言っていいだろう。

また、内示が発表されると、転勤までの間にいろいろな人物が主人公の前に現れる。これも人事異動に付きものであると言えそうだ。

主人公のかつての先輩がやってきて、今夜にも退職願を書いて社長の自宅へ速達で送れ、君の新しい仕事は自分が見つけてやる、とけしかける。大阪支社の部下は「支社長、会社をやめるなんて考えないで下さい」と言ってくる。

主人公は、転職しても自分の能力を発揮できる保証は何もないと冷静である。一方で、相変わらず他人の視線が気になり、外見だけでも大らかにしておこうと自分で自分のことを励ましている。

また赴任先の福岡営業所の永田《ながた》所長以下のメンバーが大阪支社を訪れる。

主人公は永田所長の言葉に虚を突かれる。我々は今回支社長が飛ばされた理由も知っているし、福岡の支社昇格がその口実であることも分かっている。こういうことでもないと支社昇格はありえなかった。会社を辞めるという噂も聞いたが、どうか我々のためにも堂々と福岡へ乗り込んできてほしい。そう永田所長は主人公に語りかける。続けて、福岡生え抜きの連中は、地方採用の営業所勤めということで肩身の狭い思いをしている。彼らにとって支社昇格は大きな意味を持っている。また福岡の顧客からは「なぜ君（永田所長）が支社長にならないのか」という声もあって、自分も対外的に辛いところもある。そのことも知っておいてほしい、と訴える。

これに対して、主人公は永田所長をはじめ福岡の連中の気持ちを察してやることなど思いも寄らなかったと述懐している。

第1章にも書いたように、左遷の心情の中には、やはり強者の論理が潜んでいる。左遷は単なる被害者意識だけにとどまるものではない。

家族がもたらす客観的視点

左遷になった時に現れるのは、社内のメンバーだけではない。

『冬の火花』の主人公に対して、取引先の責任者が餞別《せんべつ》を持ってきて、「身体だけは大事にして下さい。また何かあればいつでも相談に来て下さい」とだけ言うと、主人公に気持ちの負担を与えないでさっさと引き上げていった。また何も言わないことで温かい配慮を感じさせる仕事上の知人も登場する。左遷などの失意の時は、相手の思いやりや心配りをなおさら感じるのだろう。

たしかに左遷に遭遇した時は、周囲の人間が自分に対してどのように思っているかがはっきり分かるものだ。

当然ながら、左遷の際には、家族も関わってくる。

主人公が、あからさまな左遷だけに辛いことも多く、自分はどうしようかと迷っている、と言うと、妻は平然と「そんなに会社がいやなら、やめてしまったら」と答える。

「あなたは口ではチャランポランなことを言っているけれども、本当は小心で生真面目すぎるのよ。自分と会社を、よくもあれほど緊張してとらえてしまって、糸が切れてしまったら、どうするのだろうかと思っていた。自分が支社長であるとかないとか、左遷されたとかされないとか、会社を辞めるとか辞めないとか、そんなに大したことではないような気がする」と感想を述べる。主人公は、一緒に生活しているだけに、妻の方が自分をよく知っているのかもしれないと思う。そして自分の一番痛いところを突いていることだけは事実であると認めるのだ。

これらの記述を読むと、会社という共同体を外から見ている最も大きな存在は家族であろう。妻の身もふたもない発言が、左遷の渦中にある主人公に対して客観的な視点をもたらしている。子どもの存在も同様の役割を果たすことが多い。

第2章で述べたように、会社員が定期異動の内示を受けて複雑な思いで自宅に帰った時に、家族と会話したり子どもの寝姿を眺めたりして自分を取り戻す人は少なくない。定期異動は金曜日に発表すると決めている会社もあった。週末を家族と過ごせば気分がリフレッシュされるからだと人事担当者は説明していた。やはり家族は会社という共同体に外からの風を送り込む役割を担っている。

もちろん転勤で一番関係するのは、今まで毎日顔を突き合わせてきたメンバーであろう。『冬の火花』の記述では、送別会で最後の挨拶を終えた主人公は、大阪支社の営業部のメンバーと3人でバーを3軒はしごして泥酔状態に陥る。その一人が主人公の腕をつかんで「胸につかえているものがあるでしょう。今ここで吐いてしまいなさい」と語りかける。主人公はうなずき、「馬鹿野郎!」と羞恥心を捨てて大声を張り上げた。

「さあ、もう一度。今度はぼくらも一緒にやりますから」と言われて、「馬鹿野郎! 馬鹿野郎! 馬鹿野郎!」と一緒に叫ぶ。

こういうことができるのも会社という共同体に勤める良さだと考えていいだろう。

『冬の火花』の主人公は博多で単身赴任を始めるが、眠れない日々が続き、夜中に何回も目が覚める。夢の中に不意に社長が登場したり、大阪支社が活気づいているシーンが浮かんでくることもあった。週末に新幹線で自宅に戻るが、子どもに冗談を言う余裕もなく、家族と一緒にいても気持ちが落ち着かない。

社内では、社長に直言して飛ばされたとか、社長批判の怪文書を流したとか、いろいろな噂が耳に入ってくる。福岡支社では、遅刻してきた社員を思わず怒鳴りつけて後悔することもあった。

自分の頭の中を占めているのは都落ちしたという悲哀だ、と主人公は考える。サラリーマンの世界は、身分は変わらなくても、格付けとライン志向の世界である。

大阪に比べて福岡は小世帯であり、社内における影響力はほとんどない。また社内のコミュニケーション量も急激に減ってしまった。これらのことが何かにつけて主人公の気持ちを滅入らせ、喪失の悲哀を味わわせている。

そして左遷が辛いのは、他人の視線の冷たさや傷ついた自負心だけではなく、このような現実に耐えていかねばならないという事実そのものであると語る。

主人公は、人間の評価は会社の地位やポストで決まるものではないと思ってきた。ところが実際に赴任してみると、それが理屈にすぎず、社内での立場の喪失が、いかに大きいかを思い知らされた。

認めることは口惜しいが、自分も小心翼々たるサラリーマンの一人であり、出世を生き甲斐《がい》としている。都落ちしたサラリーマンの辛さや、ラインから外れた管理職の喪失と悲哀が初めて肌で分かったと主人公は述懐する。以上が『冬の火花』からの引用である。主人公のその後について詳しく述べるつもりはないが、春が近づくにしたがって前向きとも言える心境の変化が生じた、とだけ書いておこう。

政治学者の丸山眞男《まるやままさお》は「日本人の政治意識」(『戦中と戦後の間』所収)の中で、権力は本来それ自身が目的ではなく、あくまでも他の目的のための手段である。ところが日本では、権力の手段性が意識されないでそれ自身が目的になってしまい、権力を行使する方もされる方も権力それ自身に価値があるように考える傾向が生まれるとして、そこから権威信仰が発生すると指摘している。会社の中においても同様の権威信仰が力を持っているので、主人公が感じる喪失感や悲哀は、私にもすんなりと腑《ふ》に落ちる。私自身にも似たような経験がある。

しかし現在においてそのまま通用するかは疑問を禁じ得ない。

俗っぽい言い方をすれば、高度成長期のモーレツサラリーマンの間では、主人公の立場や左遷の受け止め方は一般的だろう。しかし現在は相当違った状況になっている。管理職の優劣やその権限の大きさはかつてほどの意味を持っていない。

江坂彰氏が『冬の火花』の「はじめに」で述べた会社という共同体の形が変わってきている。左遷を生み出す会社のしくみが揺れ動き、変容が起こりつつあると言っていいだろう。

この作品に描かれている会社という共同体が、どのように変化しつつあるかということについて考えてみたい。

なお主人公は作品の中で、左遷の苦しい状態からどのようにして脱出するかについていろいろと模索している。この点については、次章でもう一度検討することにしたい。

左遷は世代で異なる

私が主宰する研究会で左遷について取り上げたことがある。参加者は現役のビジネスパーソンが中心である。その際に、どのような時に左遷を感じたかを10人余りの参加者が一人ずつシートに書き込み、その一覧表をもとにみんなで議論してみた。驚いたのは、人によってその内容が異なっていて、年齢というか、世代の違いが感じられたことだ。

40代半ばを越えたメンバーは、『冬の火花』の主人公と同様、

「会社の本流から外されたこと。または自分がそう思った時」

「役職の降格になったこと、また役職は横滑りでも非常に短期間（1年）での異動」

「ライン長から、今まで経験のない閑職に異動になったこと」

「日の当たらない、先の展開の見えない部署に異動になった時」

「想定していたポストよりも、社内で低く評価されているポストに異動になった時」

などの回答があった。


一方で、比較的若いメンバーや女性では若干ニュアンスが異なっていた。

「今までの仕事と全然関係のない部署への異動を受けた人は退職した」

「順調に仕事に取り組んでいたのに、突然企画部に異動になって酒やゴルフの付き合いなどで苦しい日々が続いたこと」


企画部に異動になって左遷だと感じた40歳のメーカーの会社員は、企画部は社内では力を持った部署で、メンバーの中から出世する社員も多いという。

彼に対しては、「企画部に転勤が決まって嬉しい気持ちもあったのではないか？」や「将来高い役職に就ける可能性があっても左遷だと感じたのか？」といった質問が投げかけられた。

それに対して彼は、異動前の仕事を継続しながらキャリアを積んでいきたいと思っていた、企画部の仕事は組織間の調整や根回しが多くて自分に合わない、退社後のちょっと一杯や休日のゴルフなどでプライベートな時間が失われるのも嫌だったと答えていた。年長の参加者との考え方の違いが鮮明になって面白かった。

その研究会からまもなくして、雑誌『日経ビジネス』では、「社畜《しゃちく》卒業宣言――『バブル組』が拓《ひら》く新たな働き方」という特集が組まれた（2015年8月3日号）。出世のために会社に滅私奉公することから決別して、新たな働き方を考えようという内容だ。その特集で「仕事と会社に対するアンケート」と題して、事前に行った調査（回答数856人）が紹介されていた。

「会社に『裏切られた』と感じた理由」を世代別に聞いているのだが、バブル入社組（1965〜70年生まれ）では、「出世できなかった」（42・9％）、「昇給が思い通りではなかった」（38・5％）、「定期昇給がなくなった」（31・9％）、「仕事内容が期待と違った」（28・6％）の順に割合が多い。一方でジェネレーションY（1980〜89年生まれ）では、「仕事内容が期待と違った」（46・3％）、「昇給が思い通りではなかった」（45・0％）、「出世できなかった」（28・8％）、「企業業績が悪化した」（20・0％）の順になっている。

バブル入社組は、「出世できなかったから」「昇給が思い通りでなかったから」といった役職や昇給面が上位にあるが、ジェネレーションYやその後のゆとり世代（1990〜95年生まれ）では、「仕事内容が期待していたものと違っていた」が最多である。

出世の位置づけが下がっていて、どんな内容の仕事をするかにポイントが移ってきている。研究会での左遷に対する受け止め方の世代間の落差とも符合している。

旧来型左遷、新型左遷

会社員は、入社から退職までに概ね4つの段階を移行していく。会社に定着する適応の段階、一緒に働く仲間や顧客に貢献できるようになる成長期、中年になってとまどう時期、退職後や老後も視野に入れて働く時期である。転職を繰り返したケースでもこの形はそれほど変わらない。

この間に社内でいくつかの異なる役割を果たさなければならない。働き方も変わらざるを得ない。抜擢や左遷もある。家族の形も変わる。年齢を経るという変化も加わってくる。

また世代という観点で会社組織を見れば、20歳過ぎから60歳または65歳までの社員が一緒に働いている。3世代にわたる社員が同じ会社に在籍している。

各社員は、同様の段階を移行していくにしても、世代によって見えている景色は相当違う。経済の成長期や停滞期による違い、会社の労働条件の変更などの影響を受けるからだ。

先ほどの研究会や『日経ビジネス』の調査も考慮すると、バブル期入社までの世代とそれ以降の世代は相当異なった感覚を持っていると思われる。

私は１９９１年、92年入社の採用責任者を務めた経験がある。いわゆるバブル期入社世代である。彼らと話すことがあるが、この世代の少し後あたりを境に、会社に対する姿勢や距離感が大きく変わっている。バブル期入社の彼らもそれを感じている。同じ会社の社員であっても異なる価値観を持っているのだ。

日経平均株価が最高値を付けたのは１９８９年12月である。当時は株価が下がってもまた戻すだろうという楽観的な期待が残っていた。事実、92年入社までは各企業は積極的な採用を行っていた。

先ほどの『日経ビジネス』では、大手の主要企業73社の世代別の従業員数を調査している。１９８８～92年に就職したバブル入社組と年齢がほぼ一致する45～49歳の企業内の人口が、ほかの年齢層に比べて突出して多い。２０１５年春の入社組に比べても毎年１・８倍の人数が入社した計算だ。

そして1995年以降の大手銀行、大手証券の倒産などが相次ぐなかで、誰もが今までとは全く異なるトレンドに入ったと理解した。経済は本格的な停滞期に入ったのである。

その後、企業は、役職やポストを絞り、昇給を抑えた。当然ながら出向先も増やせない。場合によっては、早期退職勧奨を行う会社も続いた。出世（役職の向上や収入の増加）を目指してきた社員は、モチベーションを確保できず、会社との距離は離れざるを得なかった。

バブル期よりも後に入社した世代は、経済が成長するという実感や、労働条件が良くなるという経験がない。経済や企業もかつてのように成長しないという前提では、出世や昇給よりも、自らのキャリアの継続や仕事内容に重点を置くという考え方は、ある意味当然である。

そうなると同質的な社員で構成する共同体は揺らぐので、今までのような共同体内の一律の競争から遅れることによって生じる左遷は減少していくだろう。

その一方で、企業の経営環境が厳しくなって、リストラや合併などが頻繁に生じる。それに応じて、組織の縮小、ポスト減少、役職定年制度の導入などによって、想定していた役職が得られないとか、降格になるなどの左遷は増える。

そういう意味では、前者を旧来型の左遷、後者を新型の左遷として区別してもいいだろう。

たとえば都市銀行の多くが合併して数行のメガバンクになったが、合併の主たる目的はリストラによる効率化なので、想定していたポストや役職が得られなかった銀行員は非常に多い。今までの会社という枠組みが変わることによって生じる新型の左遷なのだ。

同質的な構成員の中での競争を基礎にした旧来型の左遷と、経営の効率化によって生まれる新型の左遷があって、片方は縮小していき、片方は拡大するという並行した動きがあると言えよう。

ただ、旧来型の左遷も一気に消滅するわけではなく、新型の左遷も企業によってその進み方は大いに異なると言えそうだ。

女性登用は左遷を減らす

『冬の火花』を読むと気がつくことがある。主人公の妻以外に女性は全くと言っていいほど登場しない。まるで主人公の勤める会社には女性がいないかのようである。

第4章で述べたように、30年前では女性が活躍できる企業は限られていたことと関係している。主人公の言う共同体の仲間になるには一定の条件が必要だったのだ。

しかし1997年の男女雇用機会均等法の改正で、採用・昇進等での男女の機会均等が、事業主の努力義務から差別的取り扱いの禁止に変更された（施行は99年）。

そして昨今、安倍政権は成長戦略の中で、指導的地位に占める女性の割合を２０２０年に欧米並みの30％に引き上げる目標を掲げた。政府の主張に呼応して女性の管理職比率の向上を検討している企業も増えている。また「女性活躍推進法」が成立して、２０１６年4月1日から、労働者３０１人以上の大企業は、女性の活躍推進に向けた行動計画の策定などが新たに義務づけられることになった。

最近はキャリア関係のセミナーに参加しても、女性の姿が多くなった。十数年前とは隔世の感がある。セミナーなどで意見交換をすると、法律や制度だけでなく実際にも女性の働き方が大きく変わりつつあることを感じる。総合職として採用された社員だけでなく、一般職で入社した社員も高い管理職に就いている例が見られるようになった。

一般職で入社したが途中で総合職に転換した人や、同期の男性社員の仕事ぶりと比較して自分の処遇に納得できずに転職した女性社員もいる。何社か転職するうちに外資系企業の部長職を務めている女性社員もセミナーに参加している。政府の後押しもあって大手企業幹部の女性の割合も向上していくだろう。

今後の人口減少の中では、共働き世代の割合もさらに増加するであろうし、商品やサービスにも女性の視点を取り入れなければ企業の発展も期待できない社会になってきている。報酬の意味合いも旧世代の男性が考えていたような金額だけではなく、仕事に懸命に取り組みながらも、同時に家庭生活も充実できるようなワークライフバランスも考慮したものに変わってくるだろう。

女性の活躍で、主人公の言う同質的な共同体は揺らぎ、旧世代型の左遷の意味合いはさらに弱まる。

一方で、悩みを抱えている女性社員も少なくない。

総合職として入社して、自分なりに頑張ってきたつもりだが、男性社員の多くが管理職に登用されているにもかかわらず、なかなか管理職になれずに、とまどいを感じている人や、家事と仕事の両立を図りながら業務に取り組んできたが、男女雇用機会均等法改正以前の古い体質の会社で、努力してもなかなか責任ある仕事を任せてもらえないで嘆いている人もいる。

女性の登用といっても、数合わせで女性の管理職を増やしたり、男性社員の働き方はそのままで、女性にのみワークライフバランスを充実させてもうまくいかない。本当の意味で会社の体質が強くなることにはつながっていかないからだ。

私のところに取材に来る新聞記者やビジネス誌の記者も女性が増えている。彼女たちに聞いてみると、女性記者が増えたので、かつての社内の記者たちの雰囲気や同期意識も少しずつ変わってきたという印象があるそうだ。

新卒一括採用は少しずつ崩れて、中途入社も徐々に増えている。従業員1000人程度のあるIT企業にヒアリングした時は、新入社員のうち、半数が新卒で、半数が中途入社と聞いた。その会社では、新卒同士の同期会と、同じ年に入社した全員が参加する2つの同期会がある。同期入社も一枚岩ではなくなり、組織内の同質性は薄まっている。

ただ会社のマネジメントも社員の意識も一気に変えることはできない。そういう意味では、旧来型の左遷が消失するには一定の時間がかかることも事実であろう。

グローバル化の圧力

外資系企業においては、従来からトップ人材を外部から招くことは一般に行われてきた。米国でMBA（経営学修士号）を取得した日本人が、日本に進出している外資系企業のトップを渡り歩くことも少なくなかった。しかし国内の伝統的な企業では、依然として新卒入社の社員が、長い時間をかけてトップに昇り詰める形が続いている。

ところがここに来て、日本を代表する伝統的な企業の中にも、外部からトップ人材を招き入れる例が多くなっている。マスコミもそれを大きく取り上げている。

洋酒および飲料業界のトップ企業であるサントリーホールディングスは、２０１４年10月、大手コンビニチェーン「ローソン」の前会長である新浪剛史《にいなみたけし》氏を次期社長に迎えた。

製薬業界トップで、２３０年余りの歴史を有する老舗企業である武田薬品工業は、14年6月に、英国の製薬大手の幹部だったフランス人を社長兼ＣＯＯに就けた。また化粧品メーカーの資生堂では14年4月に、日本コカ・コーラで社長、会長を務めた魚谷雅彦《うおたにまさひこ》氏が社長に就任した。

これらの外部登用の背景には、国内市場だけではなく、海外で勝負せざるを得ない危機感がある。国と国の間でモノやサービスが自由に動くようになる、市場のグローバル化がこのような流れを後押ししている。

日本企業の現地駐在員は、外国人社員の採用や育成にいろいろ苦労している。期待して採用したのにすぐに退職してしまう、と嘆いている人事担当者もいる。70頁で紹介した合弁会社の責任者も、日本の人事運用との落差にとまどうことが多かったという。

「いつも日本人同士だけで集まって、我々とはオープンに話さないので、何を考えているのかよく分からない」とか、「自分に権限を与えず、本社の了解を取らなければ何も進まない」

というのであれば、外国人社員の退職のリスクは軽減できない。

そもそも長期雇用の前提にはない彼らや彼女たちには、必要以上の我慢は期待できない。おまけに転職市場は充実しており、日本企業内の特殊な働き方を知ることは、日本企業と取引のある会社の社員やコンサルタントに、有利な条件で採用される可能性も高いからだ。

カジュアル衣料品店「ユニクロ」を展開するファーストリテイリングは、現地採用の外国人社員を世界で幹部に起用する取り組みを始めた。そのために世界共通の人事システムの運用を開始することがマスコミで伝えられている。国境を越えて多様な人材の流動性を促し、国際競争力を高めるという意図である。日本企業でも、早くから海外展開している製造業が同様の取り組みを進めていることが紹介されている。

これらも日本企業の共同体の同質性を弱める機能を持つ。ただ、すべての企業がグローバル化に対応するわけでもない。海外に展開するにしても、現地企業の買収や提携などで対応して、実際に現地で人事管理はやらない会社も少なくない。

今まで述べてきた、リストラや効率化の推進、女性の登用、グローバル化の進展は、日本における同質的なメンバーを中心とする共同体を揺るがす圧力になっている。なぜなら、高度成長期にフィットするように作られた共同体であるからだ。そのシステムが今や制度疲労を起こしている。高度成長期を経験した企業に共通する課題だと言っていいだろう。そうしたなかで旧来型の左遷が縮小して、新型の左遷が拡大しているのである。

第6章　池上さん大活躍の理由
――左遷は転機

NHKを辞めた理由

本章においては、人事異動を受ける社員側の観点から、左遷をどのようにとらえていくべきかを検討してみたい。

ジャーナリストで東京工業大学教授も務める池上彰《いけがみあきら》氏は、現在メディアで最も活躍が目立つ人物と言っていいだろう。NHKで社会部記者やニュースキャスターを歴任し、退職後はフリーのジャーナリストとして活動している。

NHK時代の同僚との対談で、自らが会社を退職した理由を語っている（『週刊朝日』2015年3月13日号）。

池上氏が40代半ばの時に、報道局長から突然、『週刊こどもニュース』のキャスターをやってくれないか」と声がかかる。「週刊こどもニュース」は、世の中のニュースや出来事を子どもに分かりやすく解説する番組で、池上氏が初代のお父さん役である。彼はその異動に必ずしも満足していなかったが、業務命令を受けて配属替えになった。

NHKの記者の場合、ずっと現場で取材ができるのは解説委員しかなかった。そのためジャーナリストを続けたかった池上氏は、解説委員になる希望を会社に出し続けていた。ところが、「週刊こどもニュース」を担当していた時に、解説委員長に呼ばれて、「お前、解説委員希望ってずっと出し続けているけどダメだ」と通告を受ける。解説委員は専門分野を持っていなければならないということが理由だった。ある意味、左遷より厳しいご沙汰だ。

それで50代半ばでNHKを退職。民放から話が来るとは考えてもみなかったという。それが今や自らの名前を冠したテレビ番組に頻繁に登場して、ヒットした著作も多く、大車輪の活躍だ。

おそらく池上氏は、ジャーナリストを続けたいというこだわりと、NHKの中で一定のポジションを得たいという気持ちの双方を考慮して、解説委員を希望していたのだろう。

そういう意味では、「週刊こどもニュース」を担当することは自分の意図に沿うことではなかった。また、解説委員にはなれないと責任者からダメを押されて、ジャーナリストの望みを絶たれたと受け止めたはずだ。

ところがそのことによって、ＮＨＫから出て新たな道を切り開くことができた。ジャーナリストを続けるという当初の希望もかなえられたわけである。

ＮＨＫは池上氏を専門性のある人材とは見なかった。しかし「難しく思われがちな社会の出来事を、分かりやすく噛《か》み砕いて伝える」専門家として大活躍している。自らは望んでいなかった「週刊こどもニュース」を担当して、視聴者に分かりやすく伝える力を磨くことができたと言える。マスコミと視聴者の間にあるギャップを見事に埋める役割を果たしている。

もちろん左遷に遭遇した誰もが、池上氏のようにチャンスにできるとは限らない。しかし左遷の経験を通して、本来自分がやりたかったことが見えてきたり、自分の適性を新たに発見することがある。私が取材やインタビューした人にも同様の体験をした人が少なくない。そういう意味では「左遷はチャンス」にもなり得るという点を考えてみたい。

社長の顔色をうかがう面々

第５章で取り上げた、江坂彰氏の『冬の火花――ある管理職の左遷録』にもう一度戻ってみたい。

主人公は、前社長と新社長の対立に巻き込まれて、1月初めに大阪支社長から福岡支社長に左遷になる。福岡に着任してからは、夜中に目が覚めたり、仕事でも気分の落ち着かない日々が続く。

1月25日の日記では、営業局長会に出席した時に、周囲の自分を見る眼が冷やかで、お茶でも飲もうかと声をかけた相手から、今忙しいのでと当惑気味に断られる始末だ。

しかし2月25日の日記では、同じ営業局長会で、常務や支社長たちが、自分に気を遣っていることに気づき、異なる雰囲気が支配していることを主人公は感じる。自分に声をかけてくれる人も次第に増えてきた。主人公は業績の鈍化を契機に社内に微妙な変化が表れてきたのかもしれないと考える。

しかしその間の日記の記載内容を詳細に見ていくと、この主人公を取り巻く雰囲気の変化については、ある推定が働く。

2月9日、主人公は以前から社長に顔を出すように言われていて、社長室で二人きりで話す。淡々と30分程度仕事の話をしただけであっさり退室した。

おそらく主人公と社長が二人きりで会ったという事実を知って、ほかの役員や支社長が主人公に対する態度を大きく軟化させたのだと思われる。社長が主人公のことを役員などに何かコメントしたかもしれない。たとえ何らコメントしなくても社長が主人公に会って特段何もなかったという事実がポイントなのだ。これで主人公と普通に接しても大丈夫だと確信できたから、役員や支社長は温かい態度になったのだろう。

人事異動があってまもない1月の時点では、役員や支社長は主人公に対してどのような態度をとってよいか分からなかった。だからよそよそしい対応になった。懇意な姿勢を見せると自分に何らかの不利益が降りかかってくるかもしれない恐れがあったからだ。

主人公は、社長に会ったことをサラッとしか書いていないが、これが転換点になっていることはほぼ間違いない。ことほど左様に社長の意向を憶測で判断している。特に同質的なメンバーによる共同体の性格を持った組織では、こうした傾向が強くなる。

「お任せする」と「空気を読む」

周囲の社員同士が互いに何を考えているのか推量しながら仕事を進めている。

組織の構成員は共有している場の均衡状態を保っておこうとする。その態度を一言で言えば、「お任せする」「空気を読む」の二つである。

「お任せする」は、自分の主張をあえて押し出さないということだ。たとえばみんなで一緒に食事をとる際にも、俺はこれが食べたいと強くこだわらない。他人に物事の決定を委ねているので主体的な立場にはなりにくい。

また「空気を読む」は、人の意向や意図を忖度《そんたく》しようとする姿勢である。特に自分に対する人事権を持った人に対してはその姿勢は強くなる。先ほどの役員や支社長たちの社長に対する態度もそうである。基本スタンスは受け身になりがちだ。

そして共有の場の均衡状態を確保するために、入社年次や役職の上下などの序列が効力を発揮する。日本の組織における年功序列の根拠の一つはここにある。同時にこの序列関係が個々の社員に対してさらに身動きをとりづらくさせている。

この共有の場に参加していることが、組織内で円滑に仕事を進める要件になっているので、社員はこの場から離れてしまうことを恐れている。村八分が一番怖い。だから海外駐在や出向をしていても、本社にいる部長との関係に気を遣う。

そして最も厄介なことに、この共有の場やそれに伴う雰囲気は、社長が作り出しているものではなく、また役員やその部下たちが相談して作り上げているものでもない。自然と出来上がっているものであるだけに厄介なのだ。職場での人間関係が一筋縄でいかないのは、このような共有の場を維持する必要があるからだ。

先述の城山三郎氏が「サラリーマンになることは、『人間関係についてえり好みができぬこと』を承認」することだと書いているのは、この共有の場を意識していると思われる。

簡単に人間関係を変えたり、コントロールすることはできないので、左遷になった時も、上司や周囲との人間関係を時間をかけて修復しながら、元の位置に戻ることを期待する。最大公約数的には、これが正攻法の取り組みと言えるかもしれない。

ただこの場合には、人間関係に左右される状況は何も変わっていないので、左遷をチャンスにまで結びつけることは難しい。

なぜ敗者復活はないのか

『冬の火花』の主人公も、元の自分に戻ることだけでよいのかという疑問もあってか、自らの左遷を契機にいろいろなことに思いを巡らす。その中では、「四十をすぎて出世コースから足をふみはずした人間が、再起するのは、まず不可能に近い」と述べている。

左遷に遭遇しても、心機一転再び仕事に注力して会社での存在感を高めたいと考える姿勢は素晴らしい。たしかに20代や30代であれば、リカバリーできる余地は大きい。

しかしこの主人公が言うように、40歳を過ぎた社員が再起することは実際には難しい。この年齢になれば社内の評価はほぼ固まっているからだ。そういう意味では、左遷からのリカバリーが本当の意味で課題となるのは40代以降だろう。

40代以降に再び評価を得るケースは、ほぼ左記の3点に限られる。

一つは、過去に一緒に仕事をした先輩や同期からのヒキである。彼らが社内で役員などの上位職になって、自分を引き上げてくれる場合だ。管理職になるのが多少遅れても、上層部からの評価によって同期のトップ層に返り咲くことはあり得る。組織内では能力やスキルというよりも人の結びつきや上位職からのヒキが強い力を持っているからである。これは40歳以降に会社から再評価を受ける最も一般的なケースである。

もう一つは、自分の上司や先輩社員が病気や事故によって出社できなくなったり、不祥事の責任をとって突然姿を消すケース。会社は継続的かつ円滑に業務を進める必要があるので、力不足と思っていてもその人材を昇格させて急場をしのぐ。

最後は、女性登用などのように、対外的なアピールのために特定の対象者の評価を引き上げるケース。女性の管理職の割合を向上させることは、ある意味ブームになりつつある。多くの日本の企業では、人事の運用を変えたというよりも、例外を認めて女性登用のニーズに対応しているケースが多いだろう。

しかしこれらの3つのケースはいずれも他人頼みで、自分の努力や能力を磨くこと、すなわち自力で実現できるものではない。

そういう意味では、40歳以降になると、自力による敗者復活はないと言ってもいいだろう。左遷を生み出すしくみで述べたように、毎年毎年、ポスト待ちの社員が行列をなして後ろに控えているので、会社はリカバリーを認める余裕がない。

同時に、社員の側もそう思っている。ある金融機関の元人事部長は現役の時に、50代社員の敗者復活にポイントを置いた施策に取り組んだ。しかしリカバリーはもうないものだと決めつけている社員が多かったので、なかなか理解が得られなかったそうだ。

このしくみは、高度成長期に元気だった会社や伝統的な企業では、多かれ少なかれ共通している。

ダイナミズムを失った組織

左遷を受けて、再起するのが難しくなっているのは、時代の変化というか、組織の安定化が進んでいることとも関係している。

伊藤《いとう》肇《はじめ》著『左遷の哲学』では、数多くの左遷の実例を挙げている。そしてそこから立ち直った経済人の話が取り上げられている。名古屋鉄道元会長の土川元夫《つちかわもとお》氏、東芝元会長の岩《いわ》田弍夫《たかずお》氏、三井物産元会長の八尋俊邦《やひろとしくに》氏などの経営者が、左遷にもめげずに立ち直っていく姿を記載している。

同書と、22頁で紹介した『それでも社長になりました!』とその続編に登場する現役社長の課長当時と比較すると、背景にある組織の違いが見えてくる。この2冊には、大きな左遷や、そこから復帰した話は出てこない。

『左遷の哲学』が主な対象にしている戦後すぐの時期は、企業も日本社会も復興に向けての混乱期である。GHQの指令による公職追放もあった。リコー元社長の舘林《たてばやし》三喜男《みきお》氏が、公職追放になり5年間無役だったことや、財界総理と言われた石坂泰三《いしざかたいぞう》氏が2年間の公職追放になったことを紹介している。背景にある組織も人事の運用も現在のように安定したものではない。

逆に言えば、公職追放で上位職にいた多くの社員が解任となり、一からやり直すことができた。日本銀行でも総裁以下の多くの行員が辞職して、当時大阪支店長だった一萬田《いちまだ》尚登《ひさと》氏が日本銀行総裁になっている。大阪支店長から一気に日銀総裁というのは今では考えられないだろう。公職追放は、それほど大きな一括の左遷でもあったわけだ。公職追放という左遷と、若手社員の抜擢が同時に行われたと言っていいだろう。

直木賞を受賞してかつてサラリーマン小説の第一人者と呼ばれた源氏鶏太《げんじけいた》氏が書いた『三等重役』は、前社長が公職追放されて、思いも寄らなかった人物が社長になる話だ。ベストセラーになり、映画化もされて人気を博した。

英語学者、評論家の渡部昇一《わたなべしょういち》氏は対談の中で、戦争直後の公職追放は日本を老害から救ったが、50年の年月が経つとまた天井が塞《ふさ》がってしまったと述べている（『人生を楽しむコツ』）。組織が安定した分、抜擢や左遷のダイナミズムが失われてしまった。左遷をリカバリーすることが難しい時代になったと言えるだろう。

ただし、どこにも例外はある。三越《みつこし》の天皇と呼ばれた岡田茂《おかだしげる》社長が突然解任された事件（1982年）をご記憶だろうか。岡田社長の側近中の側近だった天野治郎《あまのじろう》氏は後年、自らの苦闘と再起を『逆境克服』に綴《つづ》っている。

三越事件当時、天野氏は本社経営統括室部長だったが、大阪支店婦人子供用品部副部長に2階級の降格となり、その後さらに台湾へと左遷された。国外追放だったと本人は言う。

しかし天野氏は台湾で活躍して、三越の執行役員として返り咲く。そういう意味では全くチャンスがなくなるわけではない。可能性が低いということだ。

「会社を降りる」ことは難しい

左遷を簡単にリカバリーすることが難しいとすれば、どのようにして対応すればよいのだろうか。まずは自分が働く組織の現状をきちんと把握することだろう。

左遷されたのなら、会社の仕事は割り切って、家族を重視したり、自分が本当にやりたいことに取り組めばよいと簡単に考える人もいる。しかし全員参加型の組織運営をしている会社が多いので、頭では分かっていても、このシステムから降りることはそれほど簡単ではない。

組織が長く安定している時は、その構成員は共通の意識タイプを選び、それがいつのまにか唯一絶対的なものになる。なかには他の選択肢の存在など考えもしない状態になっている社員もいる。また、現状を維持するための規則や習慣を守り抜くことを自分にも他人にも求めるようになりがちだ。

言い換えれば、参加者全員が同じように頑張るというメカニズムが会社組織の中に組み込まれている。

夜のちょっと一杯や休日のゴルフも、本来はプライベートなことなのに、実質上全員参加が原則の会社が少なくない。運動音痴でゴルフが心底嫌いな若手社員も、課内のゴルフコンペには必ず参加する。意見を他部課に表明する時も、まずグループの意思統一が行われる。「ここでグループとして意見をとりまとめておこう」というのが、チームリーダーの口癖だったりする。

就業時間後でも上司や同僚が残っていると帰りづらい雰囲気があって、自分の仕事が終わっていてもなんとなく席にとどまっている光景もよく見られる。ヨーロッパの現地法人で管理職を務めたことがある商社マンによると、終業時刻間近に仕事を指示すると、「この仕事は今やる意味があるのか」と確認されることも多く、社員は常に定時退社だったそうだ。日本の職場では、ちょっと考えられない。

自分自身の時間を作り出すための休暇も取得しづらい状況がある。外資系企業の人事責任者は、日本企業の未消化の有給休暇の多さは信じられないという。

万事がこういう状況なので、組織の階段を昇ることをやめて、自分の個性を発揮できる場を探したり、次の人生の第一歩を踏み出したりしづらい。組織で働くビジネスパーソンは、自分自身のあり方に疑問を感じながらも、会社という枠組みの中に自分を押し込むことで動きづらくなっている。

ある新聞社の社員は、役職の昇格を求めず、自分が意味のあると思った仕事だけに注力していた。しかし中高年になってアルコール依存症で体調を崩したという話を聞いた。「会社を降りる」ことにもストレスがかかるのである。

組織の枠組みを外す

左遷を会社という組織の枠組みの中だけで考えていれば、挫折や不遇だという受け止め方しかないかもしれない。しかし池上彰氏のように枠組みを外してみると、新たな世界が開けることがある。

窓際になると本人は左遷されたと思うかもしれない。しかし視点を変えてみれば、余裕のある恵まれた場所ということにもなり得る。開き直ってその余裕を自分のために十分活用することも考えられる。

私のところに相談に来た坪内君（仮名）は、「会社の同期が毎年次々と課長職に登用されるのに、自分だけがまだ昇格していません」と意気消沈していた。当時年齢は40歳手前、昔からやっているスノーボードがとても好きだという。その時は、私が取材やインタビューしてきた人から得られるヒントをいろいろ話してみた。

その4年後、坪内君がぜひ会いたいというので久しぶりに喫茶店で落ち合うと、以前とは打って変わったエネルギッシュな顔つきになっていた。彼は、仕事を続ける傍ら、スノーボードのインストラクター資格を取得した。今はシーズンの週末になると必ずスキー場に向かうという。自分の持つ技術を人に教えて、相手に感謝されるということがいかに楽しいかを彼は語った。

スノーボードを教えた子どもの親から感謝の言葉とともに缶ジュースを差し入れてもらうこともあるそうだ。自分の指導を受けたいと受講者から指名があるととても嬉しいという。またインストラクター仲間と交流するのが、このうえなく心地よいそうだ。

面白かったのは、以前よりも、会社の仕事もスムーズにこなせるようになったと語っていたことだ。2年前に課長職にも昇格していた。

4年前に比べて一番変わった点は何かと彼に聞いてみた。

「それまでは、会社という塀の中の評価や序列を気にしながら過ごしていた。でも、その塀の外で自分が評価されることが分かって自信がついた。それが社内の仕事にも好影響を与えている」

と答えてくれた。

会社員は組織の枠組みの中で過ごすことが日常なので、組織内の年次、役職、経験年数などによって自分自身の位置づけを確認している。そして自分で枠組みがあると思ってしまえば、本当にその中に埋没してしまう。しかし会社という枠組みの外に出れば、全く違った景色が見えてくることがある。しかも彼のように、会社を辞めなくても枠組みから脱出できるというのが一つのポイントである。栄転になると同僚のねたみを買うこともあるかもしれない。また左遷がタイミングのよい休息になって次のステップに向けてのチャンスになることもあり得る。物事は決して一面的なものではない。

左遷をチャンスにした人々

私は中高年になってもイキイキと働いている人にインタビューや取材をしてきた。そのなかで左遷などの挫折や不遇な出来事が会社の枠組みを見直すことにつながり、結果としてチャンスに結びつけた人は少なくない。いくつかの例を紹介したい。

以前は大手都市銀行に勤めていた山下正樹《やましたまさき》さんは、バブル期には副支店長として、早朝から深夜まで働き、休日はゴルフ接待という毎日が続いていた。

しかし支店長とソリが合わず、45歳の時、突然、子会社のリース会社へ出向を命じられた。出世レースから外れたと思い、悔しさが頭から離れず、悶々《もんもん》としていたという。同期入社の行員と比較して落ち込むこともあった。

そして50歳の時、慣れない職場のストレスもあって病気になり、１か月の入院生活を強いられた。ベッドの上で新しい自分を探さないといけないと感じた時、歩き遍路の体験談が書かれた本を読んで関心を持った。

57歳で早期退職した翌日から、人生の区切りをつけるため四国八十八ヶ所霊場をお遍路姿で36日かけて歩いて巡った。この体験が山下さんを思わぬ方向に導いていく。

お遍路で山下さんの心をとらえたのは「お接待」だった。見知らぬ人が、歩き疲れた自分にお茶や食事を提供してくれた。

企業における接待は、自分の利益を上げるためにするという目的があってのものだった。しかし四国八十八ヶ所霊場での「お接待」の世界は、見返りを求めるものではない。菅笠《すげがさ》、金剛杖《こんごうづえ》、白衣を着て歩いていると、地元の人が「お遍路さん、頑張って！」と励ましの声かけをしてくれたり、お茶を振舞ってくれたりする。ご飯を提供してくれ、時には家に泊めてくれることもあった。

ボランティアで手伝っていた四国の短大の「歩き遍路体験実習」では、大学の単位が欲しいために参加していたはずの学生たちが、「お接待」を経験して変わっていく姿を見た。みんななぜ自分にこんなに親切なのかと驚き、「誰かの役に立ちたくなった」と感想文に記していた。

山下さんは現在、四国八十八ヶ所霊場会・公認先達を務めている。「公認先達・歩き遍路の会」会長として、お遍路文化を後世に引き継ぐために、毎年、昔からの遍路道の復元作業、遍路道の整備作業、歩き遍路入門講座、高知県の大月《おおつき》小学校でのお遍路授業などをボランティアで行っている。取材の時には、「左遷になる時期が早く来てよかった」と語っていた。そうでなければ、銀行の中の狭い世界にそのままとどまっていただろうと言う。

会社・上司との関係を見直す

人事異動で左遷を言い渡されたわけではないが、上司や会社との関係に悩みながら、会社の枠組みを見直して次のステップに進んだ人たちもいる。

電機会社のソフト開発部門を中心に順調に出世街道を歩んだ滝沢さん（仮名）は、40歳を目前に会社人生が暗転した。転勤してきた直接の上司と、仕事の姿勢が全く合わなかった。

販売に重点を置く上司と、ソフト開発の充実を主張する滝沢さん。会議のたびに、上司から厳しく批判され、担当を途中で外されたこともある。

ストレスのせいか、不眠がちになり、微熱が2年余り続いた。医師の診断は「自律神経失調症」。妻は退社を勧めたが、今辞めると自分に負けたことになると、何とか出勤を続けた。その苦しい時に、資格があれば転職できると考え、微熱を押してシステム監査の試験に挑戦。2回目で合格した。40歳の時である。この資格獲得がきっかけで新設の職場に異動になった。合わなかった上司から離れたので体調も回復した。

滝沢さんはこの経験を通じて、自分が出世を重視するあまり、会社の仕事に比重をかけ過ぎていたことに気づいた。だから体調を崩したのだと思った。

その後、滝沢さんは大学院に通い、論文を書き、学会発表にも取り組んだ。その甲斐もあってシステム監査の専門家になり、大学教授に転身した。滝沢さんは上司との軋轢《あつれき》や担当を途中で外されたことが自分を見直すきっかけになった。それがなければ今の立場はなかったと述懐していた。まさにチャンスに変えたのである。

また、現在釣具店を営む川崎さん（仮名）は、元は製薬会社の営業マンだった。会社には愛着を持っていて、営業の仕事は天職だと思っていた。

ところが勤めていた会社が他社と合併になった。どうしても新会社の雰囲気に馴染めず、早期退職優遇制度に後押しされて40歳で18年間の会社生活にピリオドを打つ。そして小さい頃から馴染んだ釣りの店ができないかと思い定めて開業した。

職場で仕事に追われている会社員が店に立ち寄ることもある。そういう時は「店に来てほっとしてもらえれば」と人懐っこい表情で話を聞いている。元営業マンの本領をここでも発揮している。合併という出来事のおかげで、新たな自分を見つけることができた。「家族を守るためにも頑張ります」と笑顔で語っていた。

合併は会社の雰囲気を大きく変えるので、会社の枠組みを揺るがす出来事でもある。川崎さんもここでは勤め続けることはできないと思い定めて次のステップに進んだ。

先ほどの銀行員の山下正樹さんや電機会社の滝沢さんは旧来型の左遷、この川崎さんは新型の左遷と言えるが、いずれにしても会社の枠組みから離れる、または客観視することが大切なポイントになっている。

左遷を幅広くとらえる

先ほど紹介した『左遷の哲学』は、左遷という意味合いを広くとらえている。目次を見ると、「1闘病」「2浪人」「3投獄」「4左遷」「5挫折からの脱出」となっている。タイトルは『左遷の哲学』なのに、左遷が登場するのは4番目なのだ。

おそらく著者は、最終章の「挫折からの脱出」が同書のテーマであることから、単に組織の中の左遷だけに限るべきではないと考えたのであろう。左遷のストーリー性とは、順調に走ってきた者が、予期せぬ人事によって先が見通せなくなって立ち往生することだと述べたが、それは闘病にも、浪人にも、投獄にも共通することだ。

これは組織で働くビジネスパーソンに数多く話を聞いてきた私の実感とも符合する。さすがに投獄はなかったが、家族の問題であり、また病気の経験や、残りの人生をこのまま過ごしてよいのだろうかといった自らに対する疑問である。

左遷になった『冬の火花』の主人公に対して、妻は「自分が支社長であるとかないとか、左遷されたとかされないとか、会社を辞めるとか辞めないとか、そんなに大したことではないような気がする」と感想を述べた場面があった。家族はやはり会社という枠組みを突破するための大きな存在なのである。

また会社員から転身した人に取材していた時に驚いたのは、病気の経験をしている人が非常に多かったことだ。病気は単に治すもの、取り除くものだけではなくて、身体や心に語りかけるメッセージ性を持っている。病気そのものが、組織での働き方を見直すきっかけになり、個人の創造性や新しい道を見つけることに意外なほど関係している。やはりこれも会社という枠組みを外す一つの大切な要素になっている。

残りの人生を逆算して考えることも一つのポイントだ。

役職定年を目前にして何かやらないといけないと動き出す人や、このままでは、定年後は年金生活だけになってしまうと危機感を持った人、残りの人生が30年あるならもう一回別のことに挑戦したいと考えて枠組みを見直す人もいる。また大震災に遭遇したことをきっかけに人生の有限さに思いを致す人もいる。

取材で、彼らが発する言葉で比較的多いのは、「好きな仕事をする」ではなくて、「せっかく生まれてきたのだから」というニュアンスの言葉なのである。また今まで述べてきた左遷や合併、リストラなどの体験も重なっている人も多い。

こうして見てくると、病気や人生を逆算すること、大震災などに遭遇することは、死ぬこと、生きることにつながっている。ただ、同じように震災を経験したり病気になったりしても、枠組みがそれほど動かない人もいる。同じ突発的な事件や事故に遭遇しても、その人の状況や内面の受け止め方が異なるからである。

家族や地域の力は大きい

一見すると直接関係がないようでも、ビジネスパーソンの働く意欲を持続させていくためには、家族との関係が重要である。

メーカーに勤めていた久保さん（仮名）は、順調に出世の階段を上がっていた。しかし海外駐在の時に、次男が難病に侵されて闘病生活の末に亡くなった。まだ9歳だった。両手を合わせ「育ててくれてありがとう」とお礼の言葉を妻に残したという。

帰国すると、他社との対等合併を控えて社内の雰囲気も動揺していた。久保さん自身の立場も不透明になった。49歳の時だ。「何のために今まで働いてきたのか」と、放心したように自問自答する日々が続いた。

それを見て、長男が「子は父の背中を見て育つと言うけど、僕はお父さんの背中が見えない」と話していたと妻から聞く。「これではいけない」と思い直した久保さんは、以前から誘われていた会社に転職して要職を務めた。家族が背中を押してくれたおかげでチャンスが生まれたという。今は、「死ぬ時には『お父さん、よう頑張ったね』と家族に褒めてもらえるようになりたい」と語る。もちろん、その中には天国で待ってくれているだろう次男も含まれている。

外資系のメーカーに勤めていた手塚さん（仮名）は、営業畑を中心に実績も上げたが、40歳を過ぎた頃から、会社生活に行き詰まりを感じ始めた。自分の馬力が強すぎたせいか、何事もやりすぎて社内で浮いた存在になっていたという。

手塚さんは40代半ばで引っ越した時に、団地の管理組合の役員を引き受けた。子どもたちのためにアニメ上映やミニコミ誌の発行などに取り組んだ。そうすると人の輪がどんどん広がった。自分の住む地域が、自由に絵が描ける真っ白いキャンバスに見えた。また活動を通じて、「子どもたちにとっては、ここが故郷なのだ」と思い知った。

その後、紆余曲折もあったが退職してNPOの事務局長になり、地域活動に参画して提言も行っている。他の地域との交流にも積極的だ。社内では、自分の収まりどころを見つけられなかった手塚さんは、家族と地域に目を向けることによってチャンスを見出した。本当の力のふるいどころは、自分の足元にあったのである。

また専門商社の社員だった稲垣さん（仮名）は、会社人間を自認し、会社から評価も受けていた。

彼の息子が高校3年生の時に家出した。戻ってはきたが、進学は断念。反発する息子に手を上げたこともある。かかっていた医師からは、「息子さんを丸ごと受け止めてあげなさい」と諭された。その時に彼は、「自分が間違っていたのかもしれない」と気づかされた。会社の仕事の枠組みをそのまま家に持ち込み、「家でも人事部長をやっていた」と反省した。これを機に心理学を学び、産業カウンセラーの資格も取った。その資格が稲垣さんを救うことになる。

その後、勤めていた会社の経営が悪化すると、人事部長だった稲垣さんはリストラの責任者になった。その後、監査役に昇格したが、何の権限もない閑職で、実質上の左遷だった。「このままでは会社にすがるだけになってしまう」と数か月悩んだ末、稲垣さんは退職した。54歳の時である。当初は商社マンの経験を生かして事業に取り組んだが、ことごとく失敗した。そんな時、資格があるからと仲間からカウンセラー協会の仕事を紹介された。そこで数多くの講演、研修の企画・運営を手掛けることによって、自らの働く生き甲斐を見つけることができた。息子との葛藤を通じて取得した資格が、左遷になって飛び出した自分を救ってくれたという。

ここに登場いただいた人たちは、会社本位で働いてきたので、当初は仕事ができないことは許されないと思ったり、家族のことは眼中になかったりした。ところが左遷をはじめとする出来事を通して仕事だけが人生ではないと思ったり、家族の大切さを再認識することによって視野が広がったりした。それどころか、家族の存在自体が自分を支えていることにも気づいたのである。

病気は語りかける

住宅地にあるそば店の主人の市村さん（仮名）は、かつては繊維関係の中堅企業に勤務していた。全国の問屋などを回り、月の半分は出張していた。

転身のきっかけは50代半ば、足の炎症による一か月の入院だった。妻と話しながら、このまま家庭も地域も顧みず、仕事中心の暮らしを続けてよいのかと考えた。繊維業界の不況で、仕事上の限界も感じていた。

退院後の市村さんは、「そば屋をやろう」と決意した。出張先では名店で食べ歩き、自宅では仲間と15年もそば打ちを続けていた。55歳で会社を退職した。

趣味と本職は全く違うので、そば屋で1年半修業。そばの収穫から店の運営まで学んだ。自宅で開業した商売は予想を超えて順調で、忙しい時は、当初反対していた妻も店に立ってくれる。

転身の経過を笑顔で語る市村さんから意外な言葉を聞いた。「独立して、やっぱり組織が一番面白いことが分かった」と言うのだ。営業成績に一喜一憂し、仕事の後で酌み交わす同僚との酒やゴルフの楽しさ。今も付き合いのある人も多い。

市村さんのように、会社の枠組みを離れてみて初めて会社勤めの良さを改めて知るという逆説も多く成立する。私は定年まで勤めたのであるが、会社中心の働き方から離れて執筆に取り組むことによって会社の良さを改めて実感した。そういう意味でのチャンスのとらえ方もある。

このほかにも、病気になったことをチャンスに変えた人がいる。

大腸がんの診断で医師から「5年生存率70%」と言われ、「5年経ったら、10人中3人は死ぬのか」と、映画で見たロシアンルーレットが頭に浮かび、病院のベッドの上で組織での自分のあり方について問い直して、新たな道に進んだ人。脳梗塞《のうこうそく》をわずらって、社内の中心の仕事に戻れないことがはっきりしたので、社会保険労務士の試験にチャレンジして合格した人。そして、がんの宣告を受けたことをきっかけに会社を退職してがん患者支援のイベントやNPO活動に取り組む人などである。

このように、病気や入院生活を経験して自分の今までの生き方を見直す人は多い。なかには入院先の病院から会社に電話をかけ、退職の意思を伝えて上司に押しとどめられた人もいる。

病気と同様、大震災や事故に遭遇することによって会社の枠組みを見直した人も少なくない。これらの例では、普段は無意識のレベルに押し込められていた死への恐怖心が、意識レベルに上がってきている。その体験が意識を変化させることにつながってくるのだと言えそうだ。

森鷗外も左遷を活かした

ここまではビジネスパーソンが左遷などをチャンスにしてきた例を挙げてきた。チャンスにできるのは必ずしも会社員だけではない。

興味深いことに、『冬の火花』の主人公の日記には、第1章で紹介した森鷗外が何度も登場する。主人公は森鷗外の「小倉日記」は全部読んでいるようだ。東京から小倉師団に左遷になった鷗外と自分を何度も重ね合わせている。私の読み方が間違いなければ、14頁に書いたように、鷗外は菅原道真に自分を重ね合わせていた。主人公―森鷗外―菅原道真が、左遷という糸でつながっている。

主人公は、森鷗外における左遷は都落ちという言葉がピッタリして、この左遷の辛さがさらに鷗外を人間的に成熟させたのではないかという。

森鷗外の小倉師団への異動は左遷ではないという見解もあるが、いずれにしても、大変気落ちした状態で38歳から41歳までを過ごしている。日記の中には公私の両面にわたって新たな交友関係が広がり、民間の読書人や郷土史の研究家とも幅広く交際するとともに、各地の風習や祭り、民話などにも興味を持っている。東京では決して得られなかったものに関心を深めたと言えそうだ。

同時に鷗外は、ドイツ留学時代に学んだクラウゼヴィッツの『戦争論』を小倉師団の将校たちに講義するとともに、師団長の依頼で『戦争論』の翻訳を行って陸軍の戦略にも貢献した。そして中央に戻り、権力者である山県有朋《やまがたありとも》の引き立てもあって軍医のトップである医務局長に就いた。左遷で悩んだ経験を通して人間の幅も広がり、文学作品にも影響が及んでいると思われる。

芥川賞作家の平野啓一郎《ひらのけいいちろう》氏は、鷗外の小説の主人公は、努力や決断がほとんど報いられなくて、運命だとか偶然だとか無意識だとか、官僚制度とか武家世界のしきたりだとかに人生を翻弄されていくが、そこに深みがあると述べている（ウェブサイト「WEB本の雑誌」）。この小倉時代を通して得た深みかもしれない。そしてそれは、多くの組織で働くビジネスパーソンにも通ずるものである気がする。

また『冬の火花』を書いた江坂彰氏も、同書を出版した後に、経済評論家、作家として独立を果たしたことを考えると、まさに左遷はチャンスだったと言えよう。

日本サッカー協会会長を務めた川淵三郎《かわぶちさぶろう》氏は、サッカー選手をやめた後、古河電工の重役を目指していた。名古屋支店の部長の時に営業成績もよかったので、当然本社の部長になると信じていたが、思いがけず子会社への出向辞令を受けた。

その時は頭が真っ白になったが、子会社への出向を受け入れ、会社勤めをしながら、サッカーのプロ化を進めるという二足のわらじを履くことになる。そして1991年にJリーグのチェアマンに就任した。「私にとって、サッカーが人生のよりどころになりました」（『朝日新聞』2012年5月13日）と語る川淵氏も、左遷をチャンスにした一人と言えるだろう。

挫折や不遇体験がヒントに

私が取材してきた転身者や、中年以降も組織でイキイキ働いている社員は、過去に築いてきたキャリアや能力だけで次のステップにそのまま移行できているわけではない。

むしろ挫折や不遇の体験を通して、会社の枠組みを客観化したり、そこから離れて次のステップに移行している。自分の悩みに関わることや、そこから派生することがきっかけで一歩前に踏み出す人が多数派だ。

具体例でも述べたように、左遷だけでなく、大震災や事故、自分の病気、家族の病気や介護、子どもの不登校や家庭内の問題、会社の破綻、リストラや合併、出向などである。

初めのうちは、いったいどうしてなのかと、話を聞きながら何度も自分に問いかけてきた。そうして気がついたのだが、彼らはいずれも新たな自分を発見している。しかもその新しい自分は、かけ離れたところではなくて、自身の悩みや病気、挫折、不遇に向き合い、そこから立ち上がる中に存在している。

「なんでこんなことになるのか」「あんなことさえなかったら」という「こんなこと」や「あんなこと」の中に、新しい自分のヒントが隠れていることが多い。

不安定な心理状態を抱えながら、持続的に新たな自己イメージを作り上げようと取り組むことが、心構えを切り替え、新しい生き方を探すことにつながる。

これはもともと自分の中にあるものをつかみ取る作業である。頭で考えて、ボランティアをやろう、ＮＰＯに取り組もうといった、外のものを持ってくる行動とは違う。

臨床心理学者の河合隼雄氏は講話の中で、これに関連することを語っている（CD「河合隼雄講話集」第4巻）。精神医学者エレンベルガーは、フロイトやユングの生涯を研究するなかで、創造的な思想や真理を発見する人々がいずれも神経症的状態を経験していた事実を認め、これを「創造の病」と名付けた。河合氏はこの「創造の病」をもっと広げて解釈して、病気に限らず、不幸なことや事故や失敗なども含めて考えればいいだろうと語る。困ったことを契機に彼のところに相談にやってくる人の多くは、対話を繰り返しながら自分に向き合うことによって新たな生き方を見出すという。それは非常に創造的なことであると彼は指摘する。左遷されて仕事がなくなったと相談に来た人が、相談が終了した時には、「左遷になったおかげで」という発言に変わったことを例として述べていた。

『冬の火花』の主人公も、大抵のサラリーマンが、左遷も含めて何らかの機会に喪失を味わい、喪失することによって成熟し、途中から別な人生を歩み出しているのではないだろうかと考えている。

自己への執着、他者への関心

ロシア文学者の亀山郁夫《かめやまいくお》氏（名古屋外国語大学学長、東京外国語大学名誉教授）は、大学時代はドストエフスキー一色の日々だった。しかし自分とドストエフスキーとを同一視しすぎる気持ちが先走り、作品を客観化できず、卒業論文への評価は無残なものだったとインタビューで語っている（『40歳の教科書NEXT』）。

卒業後は、ロシアのアバンギャルド芸術の研究、40代からはスターリン時代のソビエト研究に没頭し、50代になってようやくドストエフスキーに舞い戻ったそうだ。『カラマーゾフの兄弟』『罪と罰』などの新訳が異例の売れ行きで話題になったことをご記憶の方もいるのではないだろうか。

亀山氏も「挫折や不遇の経験は、自らをリセットするための大きな原動力となってくれました。負の蓄積があってこそ、人は過去と決別できるのだし、飛躍できるのです」と述べている。いったん仕切り直したので今もドストエフスキーと新鮮に向き合えるそうだ。同時に彼は「順風満帆の人生にあって、わざわざリセットをしようとする人は少ないでしょう」とも語っている。

人はそれほど強くはない。亀山氏が言うように、順風満帆な状態ではリセットできないというのが私の実感だ。自分からリストラを申し出たり、わざわざ病気になったりすることはできない。

むしろ自身の悩みや病気、不遇な出来事に遭遇した時に、それを糧にするような対応が求められる。挫折や不遇な状況になった時こそチャンスと見て、それを活かそうとすべきである。人生で不運は避けて通れないので、誰にでもその機会は訪れると言えそうだ。

会社で働く意味に悩み、疑問を持ったり、挫折的なことに遭遇したり、不遇だと思う心理状態に陥った時は、「会社とは何か」「組織で働くとはどういうことなのか」を深く考えるまたとない機会であり、新たな発想を生む可能性を秘めている。

日本の企業では、個人の能力やスキルよりもバランスを考慮するので、期待が外れて日の当たらない部門に行かされることもある。また、部下の不祥事による左遷など、誰しも不運に泣く可能性はある。それをどう受け止めるかによって差異が生じるのだ。

病気で休職すると、今までの出世街道を走っていた時とは違った景色が見えて、周囲から一回り大きくなったと評されることもある。挫折や不遇の時にどのように生きるかによって、その人の今後の道筋が決まる。

私が取材してきた人たちは、時間をかけて働く意味に正面から向き合い、主体的な姿勢を保ちながら、その結果も自分で引き受ける覚悟があるから切り替えることができた。ある人は、社内で新たな気持ちで仕事に取り組み、またある人は会社を離れて自分なりの道を歩き始めている。

彼らや彼女たちは、自己実現というよりは、他者や社会の要請に応えるという姿勢を獲得している。言い換えれば、自己への執着から、他者への関心に価値観が移行している。

それまでは自分の出世や周囲から評価されることを目指してきたが、周囲に対する理解や施し、他人への感謝が伴うようになる。だから周りの人が手を差し伸べやすくなる。逆に、自分自身に向き合うことに不誠実な人や自分だけのことを考えている人に対しては、周囲は手を施す術《すべ》を持たない。

城山三郎氏は、稲盛和夫《いなもりかずお》氏（京セラ創業者）との対談の中で、「挫折のない人というのはありえないと思うし、もしそういう人があったとしたら、人間として実に魅力がないでしょうね。周りに対する思いやりがないとか、非常に自己中心的であるとか、どうしても人がついていかなくなりますよ。だから挫折というのは人間にとって大切なものだし、その人自身にとってもいろいろな人生の見方の重層性みたいなものを与えていくんですね。挫折というか、そういう幻滅の時間をもつことは大切ではないでしょうか」と述べている（『午前八時の男たち』）。やはり左遷はチャンスなのである。

第7章 「道草休暇」が社員を救う
——左遷を越えて

悩める人事担当者

これまで左遷の用例や人事異動との関連、左遷を生み出す会社のしくみについて言及してきた。また社員側が左遷をチャンスにできる可能性にも触れた。

当然ながら、企業の目的は左遷をなくすことでもなく、左遷を受けた社員の気持ちに寄り添うことでもない。良き商品やサービスを提供し、社会の要請に応えて、社員にイキイキと働いてもらうことが肝心である。

ただ左遷は、人事異動をはじめ企業組織と社員との関係に密接に関わっている。第5章で見たように、左遷を生み出す会社のしくみが揺らいでおり、企業のマネジメントは旧来のやり方ではうまくいかなくなっている。

また個々の社員にとって、高度成長期に比べてイキイキと働きづらくなっていることも事実である。本章では、左遷を検討してきた状況を踏まえ、今後の企業組織および個々の社員がどのように対応していくべきかの方向性について考えてみたい。

「はじめに」で述べたように、社内での社員間の競争は、脱落すれば会社に残れないという適者生存の競争ではない。そのため、競争に残れなくなった社員のケアをどうするか、また、それまでの会社や仕事に注ぎ込んだ時間や労力をできるだけ無駄にしない対応が求められる。長期雇用を前提とする限り、避けて通れない課題である。

まずは組織側の観点から見ていこう。

長年、ある大手企業の人事部で働いている知人の松井氏（仮名）は、人事制度の設計を担当している。若い頃にも一時期、同じ仕事をしていた。彼は、会社が成長・拡大していた時は人事制度の企画・立案もやりやすかったが、低成長になって組織の拡大が止まると、人事制度の設計は難しくなると実感しているという。

人事部内には、制度企画の担当者が2人いる。1人は、若手・中堅社員に対する研修の企画・実施、および管理職への登用選考を担当している。

松井氏は中高年担当。具体的には、中高年社員の活性化、出向人事施策、再雇用制度の定着が専管事項である。喫緊の課題は、まもなく50代になるバブル期に入社した社員の今後の処遇だそうだ。60歳以降の再雇用社員の職務開発にも悩みが多いという。左遷は社員個人個人の課題の側面が強いが、それが今や組織ベースの課題になっていると彼は言う。特に中高年以降の社員にその傾向が強い。そのため、今まで行われてこなかった中高年を対象とした研修を今後実施するかどうかを検討している。

人事担当者である彼の話に耳を傾けていると、制度設計に気持ちがとらわれているように感じた。「会社から社員に何かを与えて、社員はそれに応えてモチベーションを向上させる」というやり方に固執しているように思えたのである。

そこで私が経験した話を彼にしてみた。

「道草休暇」のすすめ

以前、居酒屋で40代、50代のオジサン同士5人で飲んでいた時、「どうすれば俺たちのモチベーションが上がるだろうか」という話題になった。

そこでは、

「会社から期待されていないことは、うんざりするほど感じている」

「閑職に左遷になってから、給料も毎年毎年下がっている」

「仕事にも飽きた。かつての部下が今は上司だ」

などの意見が相次いだ。

「給料が上がると、どうだろう?」と私が水を向けると、「上がった分は遠慮なくもらうが、それでやる気が出るなんてことは絶対にない（笑）」という本音の話に終始した。

「正直な話、俺たちのモチベーションを上げるなんて、もう無理だ」というのが、各自の率直な感想だった。

そろそろお開きになろうとする直前に、その中の一人が、「でも、1年間の休暇をもらえれば、会社に戻って頑張れるかもしれない」と語った。もちろん休暇の間は無給でいい。1年後、職場に戻れるという保証さえあれば、何かに挑戦したいというのだ。その発言をきっかけに、5人の気持ちが動き出した。

会話は盛り上がり、「育児休業、介護休業のような目的のある休暇ではなく、理由のいらない長期休暇がいい。名称は『道草休暇』だ」ということになった。

5人の話の焦点は、長期に休めるということよりも、「大学で1年間学び直せば、自分の気持ちを切り替えることができるかもしれない」「資格にもチャレンジができそうだ」「好きな陶芸に打ち込めば、新たな自分を発見できそうな気がする」などという自分自身の潜在的な欲求だった。会社の枠組みから脱することができるかもしれないと思ったのだろう。

しかも5人が5人とも、その休暇に期待するものが異なっていた。いつもより遅く家路についたオジサンたちは、1年間の休暇中に何ができるかをシミュレーションしていた。

その翌週の新聞で、「Yahoo! Japan」を運営するヤフー株式会社が、勤続年数が長い社員を対象に、最長1年間の休暇を与える制度を導入する予定だと報じられた。休暇中は無給だが、長期旅行に充てるなど、過ごし方は自由だという。日常とは異なる新たな刺激に触れることを通じて発想力を高めるなど、社員のその後の仕事に生かしてもらうことが目的で、「休暇の終了後に退社して、起業してもよい」(同社社長)とのことだった。居酒屋議論を分かってくれる経営者がいたように感じた。

大学の世界では、欧米に限らず日本でも、永年勤続の教員が、使い道に制限のない休暇を1年程度取得できる制度(サバティカル休暇)がある。ビジネスパーソンも同様に、自らをリセットして新たな発想を得るための長期休暇(最短でも1か月)が必要なのかもしれない。

社員の主体的な姿勢

中高年社員のセカンドライフのプログラムとして、多様な働き方や生き方を支援する制度を開発した大手企業の人事担当者を取材したことがある。その会社では、自社での再雇用、関連会社への再就職の支援、さらには転職・独立の実現を物心両面から支援する制度など、多様な選択肢を社員に用意していた。社員にとっては至れり尽くせりの充実した内容だと思えた。もちろん、会社側には人員削減の意図もあったという。

しかしふたを開けてみると、自ら手を挙げる社員の数は想定をかなり下回った。その人事担当者は少し小声で、「社員がここまで会社に寄りかかっているのかと驚いた」と語ってくれた。

社員が、組織から与えられるものを待っている状態では、何も生まれない。個人にも組織にも変化は生じないのだ。しかし先ほどの「道草休暇」のように、個々の社員に主体的な気持ちが芽生えれば、相当違った景色が現出する。

先ほどの人事担当者の松井氏に、「もし『道草休暇』導入の要望が社員からあったとしたら、どのように対応しますか?」と聞いてみた。

松井「実際には難しいでしょう」

私　「なぜですか？」

松井「前例がないですから」

私　「社員に対する説明はそうだとしても、本当は面倒くさいからじゃないの？」

松井「本音を言えばそうです。ただでさえ忙しい。今までにない休暇制度を新たに設計するとなると、人事担当役員のOKを取って、役員会にも諮《はか》らないといけない」

私　「制度にすると、たしかに難しくなりますね。ではなぜヤフーは理由がいらない休暇制度を導入するのだろう？」

もちろん、松井氏や彼が勤めている会社を非難しているわけではない。多くの会社の人事担当者の本音だろう。人事部だって会社の一部門にすぎないのだから、そうそう自分たちで決めることはできない。

しかし中高年のモチベーションの課題に対処しようとすれば、社員を年次によって一律に扱う従来の年次別一括管理ではうまくいかないのではないか。今まで述べてきた左遷についても、一律に対応していることから生じているとも言える。

会社はスタンスを変えろ

先日、総合人材サービス会社に勤める入社3年目の女性社員と会って話した。彼女は前年末、仕事の先行きが見えたような気がして、「辞めたい」と会社に申し出たという。すると、上司がいろいろ話を聞いてくれて、最後は担当役員が説得に出てきたそうだ。

そして結果的には、4月に大阪から東京に転勤になって、同じ会社で溌剌と働いていた。「今では元気にやっています」と笑う彼女が働く会社は、従業員数千人の規模だが、若い会社なので中高年社員はほとんどいないという。

「伝統的な新卒一括採用型の会社では、ここまでの対応はできないなあ」と思いながら、彼女の話を聞いていた。同じケースなら、せいぜい上司が全力で相談に乗る程度だろう。

個々の社員のことは各職場の管理職に任せていて、社員に対して一律的な対応を行っている会社は多い。制度や規程で運用するスタイルなので、個人の要望や申し出は無視されがちになる。

ところが、多くの会社では、従来の年次別一括管理の人事運用だけではもたなくなってきている。高度成長から低成長への変化が、将来の給与やポストが自動的に上昇するという幻想を打ち砕いたからだ。リストラや合併に基づく効率化のなかでモチベーションが低下する社員も少なくない。年次別の一括管理は、高度成長期にフィット感が高かった。言い換えれば、重厚長大型の産業資本主義に大いに力を発揮したマネジメントであると言える。

それでは、会社側はこれからどうすればよいのだろうか？

結論から言えば、会社や人事部はスタンスを変える必要がある。今後の人事施策や人事評価を検討するためには、「会社から何か（昇給やポスト）を与えると、社員のモチベーションは当然のように向上する」という発想から、「どういう場面や、どういう条件で、社員は自分の能力を最大限に発揮するのか？」を問いかけるスタンスへ転換しなければならない。

今やバブル崩壊後に入社した社員が全体の半数以上を占めるに至っている。右肩上がりの成長の魅力を知っている社員はごく少数である。第5章で述べたように、同じ企業内でも世代別の価値観が大きく異なっている。当然ながら社員に対するマネジメントも変わらなければならない。

十分な報酬を支払ったからといって、社員が懸命に働いてくれるかどうかは分からない。むしろ楽しい仕事環境、労働時間と自由時間のメリハリ、信頼できる同僚や共感できる目標、社会的な貢献なども重要な意味を持ってくる。今後それはさらに加速していくことになるだろう。

今後の人事施策や人事評価を検討するためには、一度、社員個人の側に立ったうえで、そこから会社側の対応を考えていくというプロセスを踏む必要がある。自社の社員が、能力を最大限に発揮する施策を個別に考えていく方向に進まなければならない。給与を上げればよい、役職を付与すれば足りるといった一律的な対応ではもたない。

一律対応から個別対応へ

この一律的な対応を修正する具体的方策をいくつか指摘しておきたい。

欧米のマネジメントなどと比較すると、仕事と人とのマッチングが弱いことを何度か述べてきた。仕事をもう少し機能的にする手段として、新卒一括採用を一部見直すことも考慮に入れてもいいだろう。専門性を要求する仕事には、職種別採用の導入を検討するのである。社内の職種を一度に変えるのは大変なので、新卒者から変更すれば比較的スムーズに移行できる。

また私は最近、企業の研修に呼ばれることがある。その際にいろいろ工夫している会社もあることに気づく。もちろん左遷された社員に対する研修などはできない。しかし50代半ばに役職定年になった社員を集めて、今後のライフプランを考えさせる研修を2日間かけて実施している会社もある。役職定年制度を導入した翌年から毎年行っているという。

これも左遷された社員という位置づけではないが、役職者の階層別研修を受ける機会がなかった（役職者になれなかった）社員を集めて研修を実施している会社もある。研修の後で1時間の個別面談も全員に対して行うそうだ。研修担当者もうまくいくかどうか初めは不安もあったが、個々の社員からの反応が良く、手ごたえが感じられたとのことである。人を大事にする気持ちさえあれば伝わるということだろう。

満50歳になった社員を全員集めて、いろいろな立場の社員が互いにディスカッションすることにポイントを置いた研修をしている会社もある。

また、就業規則には副業禁止が規定されているが、条件付きで緩和する会社も出てきている。これも一律的に禁止するのではなく、社員の能力を高める観点から個別に対応しようとする動きだと考えてもいいだろう。

私の取材に応じてくれたある中高年社員は、副業禁止と言いながら、退職勧奨の場で「あなたは他の世界で働くことができますか？」と人事担当者から質問を受けた時に、これは大きな矛盾だと感じたという。

また第1章で、会社側の説明が十分でないために、社員のためと思って行った人事異動が、社員に左遷と受け止められた事例を紹介した。やはり個々の社員に十分に説明するなどの個別の対応が日常的に必要なのである。

前述のように、人事異動の内示前の不安定な気分の個々の社員に個別に面接を行い、異動の趣旨を丁寧に説明していた上司がいた。部下のモチベーションが高まるさまを目の当たりにしたことがある。「うまいなあ」と感心したものだ。阿吽の呼吸で分かってもらえる時代は過ぎ去ったと考えていた方がよい。左遷への対応も、社員個々人への感情的なケアが一番効果的なのだ。

「選択と個別交渉」の方向へ

社員の能力を最大限に発揮させるという観点に立てば、会社側が、働く場所と内容を決めるだけではなくて、働き手が自らの仕事や、誰と働くかを選べる方向に軌道を修正していくことになろう。そして、選択するという主体的な意思に対して、会社は個別に社員と交渉しなければならない。キーワードは、「選択と個別交渉」である。

第2章では、人事異動、配置転換、出向は会社の業務命令で、正当な理由なく拒むことはできないと就業規則にも盛り込まれていると述べた。実質的には強制力を持っている。

しかし社員側の意向を取り入れながら柔軟なやり方を取っている会社もある。

新聞記事によると、東京海上日動火災保険の「お役に立ち隊」は、転勤がない職制の地域型社員（事務職員）を対象に、希望者の中から地域外への転勤を募る制度である。出産などで職員が抜けた時には、事務職員は地域限定型の採用なので、今までは転勤で補うのは難しかった。この制度により柔軟に事務職員の配置を行うことができる。転勤の期間は原則1年で、本人の希望で延長も可能。募集を希望する営業所は、北海道や東北などで東京の本社から離れた遠隔地が多いそうだ。

記事では10人前後の転勤が決定。応募する女性も20代から40代と幅広い。他の損害保険会社も追随する会社が現れているという。

本店と支店、都会と地方といった異なる環境を経験することによって、刺激を受けて改めて仕事に向かう人も少なくないだろう。今までは子どもの関係から環境が整わず、転勤職種への移行を迷っていた人にとっては、挑戦への試みの機会になるかもしれない。

意欲ある人に新たな職務を付与するという意味では、非常に合理的である。

同様の制度を採用している会社の転勤した数人に話を実際に聞いたが、みなさん前向きに仕事をとらえていたことが印象的だった。

もちろん慣れない場所での仕事なので大変なこともあるだろう。しかし手を差し伸べてくれる同僚の温かさを改めて感じる人も多いのである。

地方から東京のオフィスで働き始めた女性が、東京では電車は座席に座れないものだと改めて知ったことや、家族のありがたさをしみじみ感じることもあったそうだ。東京のワンルームマンションのバスタブの幅があまりにも狭いので、「身体が引っかかって抜けないかと思ったわ」といった冗談を語ってくれた人もいたのである。

自ら手を挙げて、異なる仕事を担当し、異なる人と出会い、初めての地域で働くのであるから刺激があるのは当然と言えば当然なのである。

第2章の人事異動のくだりでも述べたが、もともと人事ローテーションは、業務の幅を広げる、専門性を磨く、適性を見出す、視野が広がる、仕事のマンネリを打破するなどのメリットがあるが、こうした選択と個別の交渉を絡めることによって、さらにその効果が期待できるのである。

制度疲労への対策

日本型の雇用システムの制度疲労が進んでいることを受けて、部分的には各企業の取り組みが徐々に広がっている。

働き方を柔軟にするべく新たな職制を増やす、海外派遣やトレーニー制度（他の企業や団体での業務研修）などによって社外にも目を開く、子育て・介護支援、出戻り社員の受け入れなどの一律的な人事運用を見直す、といった動きが進められている。先ほど紹介した「道草休暇」のように、休暇の目的を限定せずに休暇制度を充実すれば社員の自立意識も高まる。会社が休暇の理由を求めないことにすればもっとスムーズな取得が進む。

また、働く職場を社員に選択させる社内FA（フリーエージェント）制度や職務公募制度を活用する企業も増えてきた。これは先ほどの選択と個別交渉を社内で制度化したものである。同時に、昨今は、「限定正社員」など、今までの日本型雇用システムのパッケージをほぐす議論も行われ始めている。

繰り返しになるが、このような制度対応に加えて、会社と社員の個別合意を積み上げ、社員のスキルや適性を十分に見極めない新卒一括採用の欠点を改め、自社にフィットした職種別採用への切り替えも検討に値する。

入社年次を軸とした一律管理から、社員の能力発揮に向けた個別管理に踏み出す。個々の社員とのやり取りや交渉を増やしながら、個別合意を積み上げていくのである。

「前例はこうだから」「上層部が首を縦に振らないから」といった門前払いではなく、「なぜこの対応になるのか」「あなたの場合はこうだから」といった説明責任を会社が尽くす必要がある。これは手間がかかり、大変面倒な作業である。しかし取り組まなければ前に進まない。

同時に、社員の側も、会社から与えられるものを待つという姿勢ではなくて、「自分が本当にイキイキ仕事ができるためにはどのような条件が必要なのか」を考え、「こういう部署で働きたい」「この仕事がしたい」といった要求を企業の発展との絡みで主張しなければならない。

このように、社員の選択を認めると、管理できなくなるとか、収拾がつかなくなると心配する人事担当者もいるだろう。しかし案外、人は他人と違うことはできないものだ。社員の心情を見極めようとする姿勢があれば、収拾がつかなくなる事態にはならない。人事の仕事を通して社員を見てきた私の感覚である。

こういう選択の提示と、それを受けた個別交渉を人事運用に結びつける力量が、会社に求められている。もちろん、一度にすべてをこのような方向に持っていけるわけではない。息の長い取り組みにならざるを得ないだろう。

このような「選択と個別交渉」への方向性は、新卒一括採用を基本とした伝統的な会社にとっては避けられないのである。

社員と会社は対立関係ではない

次には、左遷に対してどのように対応していくかを社員側の視点から検討してみたい。江坂彰氏の『冬の火花』の主人公のように、会社員は不安定な存在である。人間関係に左右されるのは、時代が違っても変わらない。

会社員という存在の中に自分を埋没させれば、たしかに安心感はあるかもしれない。しかしそうなると、他人からの評価、他人との比較でしか自分を確認できない自己喪失の状態に陥りかねない。周囲との協調を旨として働いていると、自分はいったい何者なのか、自らのアイデンティティが分からなくなることがある。

自分は左遷されたと思い込んでいる中高年男性社員が、集合研修の場で女性講師に議論を吹っかけていた場面に遭遇したことがある。

不本意な異動に対しての怒りもあったのだろう。働いている職場のことを否定的に語り、一緒に研修を受けている同僚のことも考慮せずに、一方的に批判する立場で発言していた。

彼は会社との関係を間違って理解しているのではないかと感じた。

雇用契約は、法人格を持った会社と、個々の社員が働くことに関する権利と義務を取り決めたものである。対立する当事者ととらえるのが普通かもしれない。その意味では、研修に参加した男性社員の理解は間違っていない。左遷されたという気持ちも分からないではない。

しかし私が眺めてきた会社は、組織と社員は相対立して権利を主張しているだけではない。むしろ両者は一体のもので、あざなえる縄のごとしと考えた方がフィットしているのではないか。

会社は社員を雇用する必要性があって、募集をかけて採用を決めた。社員は働いて賃金を得る必要があって面接や試験を受けて合格した。当たり前のことであるが、双方の要望が合致して働いている。一つの共通の土壌があるわけだ。もちろん会社にも社員にもおのおの事情があるので、合意があると言ってもそれぞれの利益は相反することもある。しかし自分と組織を対立する関係でしかとらえていないと見間違う点は多くなる。自分のことだけを考えていたのではうまくいかないということだ。

会社と一対一の関係になるほど社員は独立していないし、組織にもたれかかり、組織内に自分を埋没させている社員も少なくない。女性講師に議論を吹っかけた社員にも会社に対する甘えが見受けられる。そういう意味では前章で見たように会社の枠組みを客観的に眺めたり、そこから一時的にも脱する機会を持っておくべきなのである。そうでなければ左遷に遭遇した時に自らのすべてが否定された気分に陥る。『冬の火花』の主人公が左遷になって毎夜眠れなかったり、周囲のことをあまりにも気にしすぎていたのは、組織の枠組みの中にどっぷりと浸かりすぎていたからだ。

複数の自分がいる

多くの会社では、就業規則上の定年は60歳であるが、40歳を過ぎた頃から、組織で働く意味に悩むビジネスパーソンが増えている。成長鈍化で管理職ポストが削られていることに加え、雇用の流動性も限られているからだ。日本企業の特徴である新卒一括採用は「人事が苦手なら財務。それも苦手なら営業」と異動させることができ、長期的な育成が可能なため、若い世代にとっては比較的良いしくみである。しかし、中高年社員は、長期雇用の中で働くとマンネリに陥りがちになり、役職やポジションも年次を経るにつれて少なくなるので、自分の将来の展望が持ちにくくなる。そのため社内に居場所を見つけにくくなっている。

その時には、会社を辞めるか残るかの二者択一に帰着しがちである。しかし、いきなり起業や独立は難しいので、あきらめてしまって現状維持から逃れられない。ここでの起業・独立は、会社で働くことの単なる裏返しにすぎないので、自分は何も変わっていない。こういう時は、自分を一度深めるような作業が求められる。

Eテレ（NHK教育テレビ）の子ども向け番組「ピタゴラスイッチ」では、中堅ビジネスマンの一日が画面に紹介され、「ぼくのおとうさん」という歌が流れる。

この歌詞で面白いのは、子どものお父さんが、シチュエーションによっていろいろな存在になっていることだ。

会社へ行くと課長職のビジネスマンであるが、昼食を食べに行くとお客さんになり、歯医者に行けば患者さん、歩いている時は通行人だ。また仕事帰りに英会話学校に行けば生徒になり、電車に乗れば通勤客、そして家に帰れば「ぼくのお父さん」になる。

たしかに私たちは、会社の中でさえ「私」「わたくし」「僕」「自分」「俺」のように自分の呼び名を変えて、相手や場面に応じて自己の位置づけを変化させている。また自分の姿が他人の目にどう映るかを意識するだけでなく、自分とはこういうものだと自分で規定もしている。

組織内の立場から離れると、数多くの自己イメージを持っていることが分かる。

人は自分を変えることは難しいので、単一のアイデンティティに限定せずに、もう一人の自分を持つ方が組織で働く苦しさや閉塞感から解放される。選択肢や評価基準が一つしかないという思い込みも避けられる。

また複数の自分がいる方が柔軟な対応が可能である。こちらの自分ではダメな時でも、あちらの自分なら対応できることもある。くわえて、一生のうちに異なる立場をいくつか経験することは、人生を深く味わうことにつながる。複数の私、複数のアイデンティティを切り捨てないことだ。

もともと人間には、こういった複数の自分に対する憧れのようなものがある。時代劇「必殺仕事人」など必殺シリーズの中村主水《なかむらもんど》は、表稼業は奉行所の平同心《どうしん》、裏稼業は庶民の恨みを金銭で晴らす殺し屋。地味な新聞記者のクラーク・ケントがスーパーマンに変身する。会社員では、銀行マンを務めながら、シンガーソングライター、作詞家、作曲家として活躍した小椋佳《おぐらけい》氏のことを思い出す人も多いことだろう。

日本の組織では、165頁で述べたように、共有の場の均衡状態を安定させるために、「お任せする」「空気を読む」といった態度が生じやすい。しかもこの共有の場の雰囲気は誰かが作り上げているものではなく、自然と出来上がっているものなので、自分で払拭《ふっしょく》することはできない。

そうだとすれば、共有の場は共有の場として対応しておいて、そこから離れてもう一人の自分が個性を発揮する新たな場を探すべきである。

そう考えれば、会社を辞めて独立・起業するわけでもなく、また会社の中の仕事だけに埋没して左遷や不遇をかこつだけでもない、第三の道を目指すことが可能になる。会社を辞めずに、仕事以外に、もう一人の自分を発見するというやり方である。もちろん、いきなり「もう一人の自分」を作り上げることはできないので、コツコツと時間をかけて取り組めばよいだろう。

「もう一人の自分」の形は多様

この「もう一人の自分」の形はいろいろである。

会社員で働く傍ら、僧籍を取得して若い人に対して説法を行い、一緒にお遍路の旅に出ている人もいる。前章で紹介した坪内君は、スノーボードのインストラクターになることによって「もう一人の自分」を見出した。

企業の企画調査の部門に在籍して、業務に関連するエキスパートになることによって、専門家として発信したり、論文を書いている人もいた。また機械メーカーに勤める社員で、会社の研究開発以外に、自分でテーマを探し出して取り組んでいる人もいる。

彼らは会社員と研究者という二つの立場を持っている。また私と同様、会社員の傍ら原稿を書き、本を出版している人もいる。

企業の役員の秘書として長く働き、女性のマナー教室やカルチャーセンターでビジネスマナーの講師をしている人や、趣味としてものづくりに取り組んでいた公務員が、独立して職人になった例もある。

リース会社の営業の傍ら、顧客先の経営課題の相談に乗るなかで、自分の能力を磨いてコンサルタントを目指した人もいた。同様に、金融機関の渉外担当の社員が、従業員が少ない成長企業は資金需要が旺盛なのに財務専門の人材がいない、財務の専門家を求めているという企業のニーズを見出して、複数の企業から財務の仕事を請け負うことで独立した人もいる。

彼らは、単に自分をリース会社の営業担当、金融機関の渉外担当という立場にとどめるだけではなく、顧客ニーズをくみ上げてそれを解決するという「もう一人の自分」を創り上げている。

会社勤めをしながら７年かけて美容師資格を取得した社員、会社員の傍らファイナンシャルプランナーとして情報発信をしてお役立ちを考えている人もいる。

人事コンサルタント、社会保険労務士として活躍中の田代英治《たしろえいじ》氏は、10年前は海運会社の人事部の課長職だった。彼は上司に「現在の雇用契約ではなく、今後は業務委託契約で会社と関わりたい」と希望して独立した。

現在も週に3日、半日だけ、在籍していた海運会社で働いている。デスクやメールアドレスも現役の時と同じである。他の時間は人事コンサルタントとして20社程度の顧問先を抱え、セミナー講師や執筆にも忙しい。

このように、「もう一人の自分」の形はいろいろなのだ。

左遷に対する抵抗力も高まる

総合商社で勤務を続けながら芥川賞などの文学賞も受賞した磯﨑憲一郎《いそざきけんいちろう》氏（退職して現在は東京工業大学大学院教授）は、新聞記事の中で、会社員と小説家の二つの立場を器用に使い分けて、両立させているなどと思ったことは今まで一度もないと語り、「じっさいにはやればやるほど二つの世界は私の中で統合されてきている」と述べている（『日本経済新聞』2012年6月24日）。

「もう一人の自分」を創るというと、本人とそのもう一人とは全く別のものと考えがちだ。しかしそれは右手と左手のように、動きは違っても、元は同じ身体でつながっているので分離はできない。たとえば私の場合でも、執筆の仕事は、会社の仕事の効率や質を間違いなく向上させてきた。

もう一人の自分が社外でイキイキできれば、絶対に社内の自分もイキイキできる。人は簡単に分離などできず、つながっているからだ。右手が回れば左手も回り、左手が回れば右手も回る。

「もう一人の自分」と言うと、副業禁止のことがすぐに頭に浮かぶ人もいるだろう。もちろん自分が働く会社の副業規定やその運用については十分確認しておくべきだ。ただし、就業期間中には他の仕事はしない、情報を持ち出さない、仕事のレベルは落とさないなど会社に迷惑をかけなければ、それほど大きな問題にはならないだろう。本人がイキイキしてくるので会社に好影響を与える場合が少なくない。

先ほどの僧籍を取得して若い人に対して説法を行っている会社員は、会社員と僧侶の二つの立場が相互に良い刺激になっており、かつ気分転換にもなっていて相乗効果を生んでいる。会社員の仕事を続けながらスノーボードのインストラクターになった坪内君は、会社からの評価が得られないことに悩んでいたが、今では仕事も評価されて昇格もしている。会社以外の研究テーマにも取り組んでいる技術者は会社から指示されたテーマの研究にも間違いなく好影響を与えているという。

海運会社との契約を雇用契約から業務委託契約に変えて独立した人事コンサルタント、社労士の田代氏は、元の海運会社からも評価されて役割も与えられている。

二つの立場を持てば、無理して自分を変えようとする必要はない。また、二つの視点があれば、ものの見方が立体的になり、考え方にも厚みが増す。その結果、自分に合った新たな働き方を見出しやすい。

また左遷に遭遇しても、もう一人の自分を持っていれば、その分ダメージを受けにくい。社内の競争がすべてでないと分かるからである。左遷に対する抵抗力も強くなると言えるだろう。

そういう意味では、会社は一律的な人事運用を修正して、できる限り社員に対して個別対応を進めること、個々の社員側は単なる受け身の姿勢ではなく、主体的な立場を確保すべく、もう一人の自分を生み出す姿勢が求められていると言えるだろう。

あとがき

私は、昨年3月に36年間勤めた生命保険会社を定年退職した。その後は、どこの組織にも属さず過ごしている。肩書のない生活だ。

組織内の窮屈なルールや、人間関係に左右されることがなくなったという意味では、解放された気持ちが強い。同時に、毎日社員が集う会社というのは、なんとも居心地のよい場所だったという淋《さび》しさもある。会社生活を総括するのは一筋縄ではいかない。

定年になった時点から眺めてみると、長い会社人生を同じペースや、同じ心情では走り通せないことが分かる。周囲を見回しても、一直線で走りきった人はほとんどいない。

たとえ組織内でトップを走ってきたとしても、いずれどこかで降りる時期がやってくる。それは役職定年や出向だけに限らない。定年を迎えれば、それまで社長や部長だった人も、役職や権限は消失して「ただの人」になる。

そういう意味では、左遷は、会社生活のしかるべきタイミングで警鐘を鳴らしてくれる貴重な機会だと言えそうだ。不本意な転勤や降格という失意の中で、「仕事に忙殺される毎日でいいのか」「家族を顧みなくて大丈夫か」「今の生活を本当に自分は望んでいるのか」「定年退職後もイキイキ過ごせるのか」などの内省を促してくれる。

176頁で紹介した山下正樹さんが、一昨年、Eテレ（NHK教育テレビ）の「こころの時代 〜宗教・人生〜『わたしのお遍路みち』」に登場した。勤めていた都市銀行から関連会社に出向になった挫折感をきっかけに、歩き遍路を始めた。今では「公認先達・歩く遍路の会」会長として、お遍路文化を後世に引き継ぐために様々な活動をしている。自らも約1200キロメートルに及ぶ四国八十八ヶ所霊場の遍路道を自分の足だけを頼りに歩いて巡っている。既にその数は12回に及ぶという。

私がテレビ画面にくぎ付けになった理由は、女性アナウンサーの質問に答える山下さんの日焼けした「いい顔」だった。10年ほど前にお話を聞いた時にも笑顔が印象的だったが、さらに磨きがかかっていた。

そして番組内で会社時代のことを振り返って、出世レースから外れた時は「なぜあの上司は認めてくれないのだ」と人のせいにして恨みつらみが募ったという。しかし「結果的には、自分には支店長になれるだけの力量はなかったということが分かった」と語っていた。会社生活を見事に総括した発言だった。その柔和な表情からは、左遷を通して新たな自分を発見した喜びを垣間見《かいまみ》ることができた。

左遷は、人生を輝かすために地中に埋められた原石のようなものだ。それを発見して磨き上げるためには、左遷自体やその背景にある会社組織のことをよく知ることだ。くわえて、自分自身に正面から向き合うことが求められる。それらを通して、左遷をチャンスに転換できる余地が生まれる。

また左遷は、大震災や事故、病気、会社の破綻などの出来事と共通した性格を持っている。そのため、左遷ときちんと対峙《たいじ》できれば、人生を充実させ、イキイキした老後にもつながってくるものと信じている。

執筆に際して、数多くの方々からご意見、感想をいただき、自らの体験を語っていただいた。この場をもって御礼申し上げたい。また、左遷というキーワードを私に与えてくれて、時宜に応じた助言をいただいた中公新書編集部の並木光晴さんに深く感謝する次第である。

二〇一六年一月

楠木　新

参考文献

■第1章　菅原道真、失意の晩年――左遷とは何か
辻勝次『トヨタ人事方式の戦後史』（ミネルヴァ書房、MINERVA社会学叢書、２０１１年）
佐藤謙三校注『大鏡』（角川書店、角川文庫ソフィア、１９６９年）
保坂弘司訳『大鏡 現代語訳』（學燈社、現代語訳學燈文庫、２００６年）
松本治久「大鏡「時平伝」菅原道真左遷の記事」（平安文学論究会編『講座 平安文学論究』第7輯、風間書房、１９９０年）
和田英松著、所功校訂『新訂 官職要解』（講談社、学術文庫、１９８３年）
森鷗外「小倉日記」（『独逸日記／小倉日記』、森鷗外全集13、筑摩書房、ちくま文庫、１９９６年）
石井郁男『鷗外「小倉左遷」の謎』（葦書房、１９９６年）
内村幹子『左遷鷗外』（新人物往来社、２００２年）
松本清張「或る「小倉日記」伝」（『或る「小倉日記」伝』、新潮社、新潮文庫、１９６５年）
城山三郎『落日燃ゆ』（新潮社、新潮文庫、１９８６年）
城山三郎『毎日が日曜日』（新潮社、新潮文庫、１９７９年）
日本経済新聞社編『それでも社長になりました！』（日本経済新聞出版社、日経ビジネス人文庫、２０

12年）
日本経済新聞社編『それでも社長になりました！　2』（日本経済新聞出版社、日経ビジネス人文庫、2012年）
江上剛『失格社員』（新潮社、新潮文庫、2007年）
モーニング編集部、朝日新聞社編『40歳の教科書NEXT』（講談社、2011年）

■第2章　定期異動日は大騒ぎ――人事異動と左遷

堺屋太一『団塊の世代』（文藝春秋、文春文庫、2005年）
産労総合研究所、学習院大学大学院経営学研究科今野浩一郎研究室「転勤と人事管理に関する調査」（『人事実務』2010年11月15日号）

■第3章　転職か、じっと我慢か――欧米には左遷はない

産労総合研究所、学習院大学大学院経営学研究科今野浩一郎研究室「転勤と人事管理に関する調査」（前掲）
濱口桂一郎『新しい労働社会』（岩波書店、岩波新書、2009年）
伊井直行『会社員とは何者か？』（講談社、2012年）
河合隼雄、村上春樹『村上春樹、河合隼雄に会いにいく』（岩波書店、1996年）
笹島芳雄『アメリカの賃金・評価システム』（日経連出版部、2001年）
岩井克人『会社はこれからどうなるのか』（平凡社、2003年）

■第4章　誰が年功序列を決めているのか――左遷を生み出すしくみ
森口千晶「日本型人事管理モデルと高度成長」（『日本労働研究雑誌』2013年5月号）
仁田道夫、久本憲夫編『日本的雇用システム』（ナカニシヤ出版、2008年）
江坂彰『冬の火花』（文藝春秋、文春文庫、1985年）
河合隼雄『父親の力　母親の力』（講談社、＋α新書、2004年）
沼上幹『組織戦略の考え方』（筑摩書房、ちくま新書、2003年）
江上剛『失格社員』（前掲）
竹内洋『選抜社会』（リクルート出版、1988年）
■第5章　出世よりも自分なりのキャリア――消える左遷、残る左遷
江坂彰『冬の火花』（前掲）
城山三郎『人生の流儀』（新潮社、新潮文庫、1992年）
丸山眞男「日本人の政治意識」（『戦中と戦後の間 1936―1957』、みすず書房、1976年）
■第6章　池上さん大活躍の理由――左遷は転機
江坂彰『冬の火花』（前掲）
城山三郎『人生の流儀』（前掲）
伊藤肇『左遷の哲学』（産業能率大学出版部、2009年）

日本経済新聞社編『それでも社長になりました！』（前掲）
日本経済新聞社編『それでも社長になりました！　2』（前掲）
谷沢永一、渡部昇一『人生を楽しむコツ』（ＰＨＰ研究所、１９９６年）
天野治郎『逆境克服』（ＰＨＰ研究所、２００８年）
モーニング編集部、朝日新聞社編『40歳の教科書ＮＥＸＴ』（前掲）

楠木 新（くすのき・あらた）

1954年（昭和29年），神戸市に生まれる．京都大学法学部卒業．大手生命保険会社に入社し，人事・労務関係を中心に，経営企画，支社長等を経験．勤務と並行して，大阪府立大学大学院でMBAを取得．関西大学商学部非常勤講師を務め，「働く意味」をテーマに取材・執筆・講演に取り組む．2015年，定年退職．現在，楠木ライフ&キャリア研究所代表．
著書に『会社が嫌いになったら読む本』『人事部は見ている。』『サラリーマンは、二度会社を辞める。』『知らないと危ない、会社の裏ルール』（以上，日経プレミアシリーズ），『就活の勘違い』『「こころの定年」を乗り越えろ』（以上，朝日新書），『働かないオジサンの給料はなぜ高いのか』（新潮新書）ほか．

左遷論《させんろん》
中公新書 2364

2016年2月25日発行

著 者 楠木 新
発行者 大橋善光

本文印刷 暁印刷
カバー印刷 大熊整美堂
製 本 小泉製本

発行所 中央公論新社
〒100-8152
東京都千代田区大手町1-7-1
電話 販売 03-5299-1730
編集 03-5299-1830
URL http://www.chuko.co.jp/

Published by CHUOKORON-SHINSHA, INC.
Printed in Japan ISBN978-4-12-102364-3 C1234

中公新書刊行のことば

一九六二年一一月

いまからちょうど五世紀まえ、グーテンベルクが近代印刷術を発明したとき、書物の大量生産は潜在的可能性を獲得し、いまからちょうど一世紀まえ、世界のおもな文明国で義務教育制度が採用されたとき、書物の大量需要の潜在性が形成された。この二つの潜在性がはげしく現実化したのが現代である。

いまや、書物によって視野を拡大し、変りゆく世界に豊かに対応しようとする強い要求を私たちは抑えることができない。この要求にこたえる義務を、今日の書物は背負っている。だが、その義務は、たんに専門的知識の通俗化をはかることによって果たされるものでもなく、通俗的好奇心にうったえて、いたずらに発行部数の巨大さを誇ることによって果たされるものでもない。現代を真摯に生きようとする読者に、真に知るに価いする知識だけを選びだして提供すること、これが中公新書の最大の目標である。

私たちは、知識として錯覚しているものによってしばしば動かされ、裏切られる。私たちは、作為によってあたえられた知識のうえに生きることがあまりに多く、ゆるぎない事実を通して思索することがあまりにすくない。中公新書が、その一貫した特色として自らに課すものは、この事実のみの持つ無条件の説得力を発揮させることである。現代にあらたな意味を投げかけるべく待機している過去の歴史的事実もまた、中公新書によって数多く発掘されるであろう。

中公新書は、現代を自らの眼で見つめようとする、逞しい知的な読者の活力となることを欲している。

中公新書

経済・経営

g1

- 2000 戦後世界経済史　猪木武徳
- 2185 経済学に何ができるか　猪木武徳
- 1936 アダム・スミス　堂目卓生
- 1465 市場社会の思想史　間宮陽介
- 2123 新自由主義の復権　八代尚宏
- 2228 日本の財政　田中秀明
- 2307 ベーシック・インカム　原田泰
- 1896 日本の経済―歴史・現状・論点　伊藤修
- 2338 財務省と政治　清水真人
- 2287 日本銀行と政治　上川龍之進
- 2041 行動経済学　依田高典
- 1658 戦略的思考の技術　梶井厚志
- 1871 故事成語でわかる経済学のキーワード　梶井厚志
- 1824 経済学的思考のセンス　大竹文雄
- 2045 競争と公平感　大竹文雄
- 2124 日本経済の底力　戸堂康之
- 1657 地域再生の経済学　神野直彦
- 2240 経済覇権のゆくえ　飯田敬輔
- 2064 通貨で読み解く世界経済　小林正宏・中林伸一
- 2219 人民元は覇権を握るか　中條誠一
- 2145 G20の経済学　中林伸一
- 2132 金融が乗っ取る世界経済　ロナルド・ドーア
- 2111 消費するアジア　大泉啓一郎
- 2199 経済大陸アフリカ　平野克己
- 290 ルワンダ中央銀行総裁日記（増補版）　服部正也
- 1700 能力構築競争　藤本隆宏
- 2275 アメリカ自動車産業　篠原健一
- 2245 鉄道会社の経営　佐藤信之
- 2308 新幹線の歴史　佐藤信之
- 2260 イノベーション戦略の論理　原田勉
- 2364 左遷論　楠木新

経済・経営

g2